薫るスパイスレシピ

香取薫

Kaoru's Spice Recipe

山と溪谷社

はじめに

インド料理教室を始めて28年が経ちました。

インドのお母さんたちが作る家庭料理の基礎の本、南インド料理の本、スリランカ料理の本、上級スパイス使いの本などを書き、たくさんの生徒さんたちと一緒にたくさんの料理を作ってきました。

そんなスパイス料理のふるさとであるインド。その人口は約13億人。

この人数は日本とアメリカとヨーロッパの総人口を合わせた人数よりも多いのです。さらに広大な国土の気候は東西南北で大きく違い、そこに同じスパイス食文化圏のパキスタン、バングラデシュ、ネパール、スリランカの人口を足してみると中国を軽く抜いて17億人を超えてしまいます。

そのなかで多くの人々の健康を料理が支えています。世界一多く食べられているのはスパイスを使った「カレー食文化」であるといえるでしょう。

そして日本では、カレーは辛いだけではないことやスパイスは漢方薬と同じものだということ、インド亜大陸では地方によって作る料理がまったく違うことなどが知られるようになってきました。

さて、ではその私は自分の家のキッチンでどのようなものを作っているのでしょうか？

仕事をもつ母のもとで小学生のころから夕飯を作ってきた私が、おもしろい！とスイッチが入ったら人生を傾けるような勢いでのめり込む私が、スパイスというツールを手に入れて、遊び心も手伝って、気づくとたくさんの「ちょっとおもしろいこと」をやるようになっていました。

伝統料理のテクニックを使って新しい素材を仕上げてみたり、タブーやら逆に秘訣やら、それを思いっきりクロスオーバーさせて、お味噌やしょうゆ、だし汁とスパイス……などを組み合わせてみたり。その結果、楽しいレシピがどんどん増えてゆきました。

ただし、おいしく作るためにはこれは守ってほしいとか、ちょっぴりアドバイスがあったりもします。

ですからこの本では、そうしたルールや失敗しないテクニックを存分にお伝えしています。

これは、スパイスを使っていかにふだんの食卓を豊かにできるかに私が取り組んできた結果です。多くの地方の伝統料理を載せ、ベーシックなスパイス料理のコツを満載しましたが、日本の食卓にあわせて新しい味を思い切って提案したものもたくさんあります。

このとおりにそのまま作れば、その楽しさとおいしさを再現できるはずです。

毎日のおかずを、もっと自由に、そしてスパイスで健康的に。

スパイスカレーの先にある世界へ、ようこそ。

香取 薫

Kaoru's Spice Recipe

CONTENTS

炒める____21

混ぜる／和える____41

煮る___51

焼く／揚げる___71

Spice Lesson

スパイスのきほん

日々の食卓に スパイスを

世界中でさまざまなかたちで利用されているスパイス。わたしたちのふだんの食卓にのぼる、わさびやにんにく、しょうがや山椒もスパイスの一種で、毎日のおかずにおいしさを加えています。また、薬になったり、防虫や防腐剤として使ったり、古くから生活のなかで利用されてきたスパイスは、暮らしに欠かせないものともいえます。

多くの利用法があるなかで、やっぱりスパイスといえば、おいしい料理！ 世界中にスパイスを使った料理がたくさんありますが、みんな大好きなカレーと黄色いライス、タンドリーチキンなどなど、スパイス料理といえばインド料理を思い浮かべる人も多いでしょう。インドをはじめ毎日のごはんにスパイスを使っている地域のレシピには、けっして特別ではない、ふだん使いのスパイスレシピのヒントが詰まっています。そのままを再現するのも、家族の好きなものにあわせてアレンジするのも、どちらも楽しくておいしい！ スパイスレシピをはじめる前に、主役であり脇役でもあるスパイスについて、少しお伝えします。

左から、クローブ、シナモン（カシア）、ブラックペッパー。スパイスは、おもに植物の一部で、香りとともに薬効もある。

スパイスってどんなもの？

スパイスって何？と聞かれると、本当のところ厳密な定義はありませんが、一般的には「香りや薬効がある植物の調味料」といっていいでしょう。

料理にスパイスを加えると、いいことがたくさんあります。まず、風味がよく、おいしくなります。また薬効が加わる、食欲がわく、素材の臭みなどが抜けるといったメリットもあります。そんなスパイスの役割をいくつか紹介します。

◉**香りづけ**：一番の役割ともいえるのが香りです。スパイスは味つけよりも香りづけを目的に料理に使われます。香りは、料理のおいしさを左右する重要なもの。いい香りは食欲もそそります。

◉**色づけ**：ターメリックの黄色やパプリカの赤などは香りづけだけでなく、料理をおいしそうな色にする役割もあります。

◉**辛みづけ**：スパイス＝辛いというイメージですが辛いスパイスは実はごくわずか。とはいえ料理の味を引き締め、体温の調節をするためにも、それらのスパイスは欠かせません。

◉**薬効**：植物の恵みであるスパイスには、体を温めたり消化を促進したりといった薬効があります。インドの台所では季節や家族の体調にあわせて、その日に使うスパイスを選んだりします。インドの伝統医学アーユルヴェーダもスパイスの薬効を取り入れる知恵を古典書の中で示しています。

◉**殺菌・防腐**：スパイスの多くは抗酸化作用をもち、なかには殺菌や防腐の効果をもつスパイスもあります。古くはミイラの防腐剤にクローブなどが使われていました。

◉**精神的効用**：香りの成分は心にも働きかけます。カルダモンには心を落ち着け、リラックスさせる作用があり、古来から人々に癒しを与えてきました。

スパイスの種類

粒々やスティック、パウダーなどいろいろな形状をしたスパイスは、植物の一部です。実や種子、葉や花（つぼみ）、根っこや樹皮、樹液などもスパイスになります。

クミンパウダー

瓶や袋入りで市販されているのは、おもにこれらを乾燥させたもの。原型のままのものがホール（種子ならシード）、粉砕したものはパウダーで、市販の多くのスパイスは、ホールとパウダーがそろっています。コリアンダーシード（種子）と香菜（葉）、フェヌグリーク（豆）とカスーリメーティー（葉）のように同じ植物でも部位によって別のスパイスになるものもあります。

乾燥させたドライのスパイスに対して、生の状態のスパイスもあります。しょうがやにんにくもスパイスともいえますが、ふだん使いの素材を除くとカレーリーフやグリーンチリ、香菜（コリアンダー）などが、この本で使うフレッシュスパイスです。

生の
カレーリーフ

クミンシード

スパイスの香り

さわやかな香り、甘い香り、フルーティーな香り、なかには薬のような香りや異臭？と感じる臭いスパイスもあります。これらの香りのもとは、植物に含まれる精油成分。たとえば、アロマテラピーのエッセンシャルオイルは、この精油成分だけを抽出したもので、その香りや薬効を体に取り入れます。

これらの精油は、油とあわせることで溶け出す脂溶性のものが多く、スタータースパイスを代表に、調理中の鍋に加えたり、タルカして使ったりするのはそのためです。ほかに水に溶ける水溶性の精油もあります。また、粉砕したり加熱したりすることでも香りは引き立ちますが、香りは揮発性なので粉砕して長時間おいたり、長く煮込んだりすると、どんどん失われていきます。インド料理でも家庭料理では、長時間煮込むことはあまりなくサッと作ってできたてを食べるレシピがほとんどです。

スパイスレシピのこと

スパイスレシピの本場でもあるインドでは、毎日の食卓にスパイス料理が並びます。ですから、スパイス料理はふだんのおかずです。なかでも「サブジ」と呼ばれる野菜のスパイス料理はインドのおかずの定番。食材に適したスパイスを選んで組みあわせることで素材の味を引き出す、シンプルだけど食べ飽きないサブジがたくさんあります。ここがスパイスレシピのおもしろいところ。いつもの野菜炒めがいくつかのスパイスとあわせることで新しい味に！もちろん肉や魚との相性も抜群で、食べれば食べるほどスパイスの魅力に気づいていくでしょう。

スパイス料理というと、たくさんのスパイスをそろえて、使い分けて……と少しハードルが高く感じるかもしれませんが、インドのお母さんのスパイス使いは意外とシンプル。毎日作るのですから、それも当たり前です。ふだんの料理に出汁としょうゆと酒とみりんを使うような感覚で、気軽にスパイスを使ってみてください。レシピのページでは、野菜もお肉も魚も使ったふだん使いのスパイスレシピと、特別な日に食べたい簡単だけど手の込んだごちそうレシピとともに、スパイスの上手な使い方、日本の食卓にもあうしょうゆや味噌など和の調味料とスパイスの組みあわせ方もたくさん紹介しています。

スナップえんどう炒め（P.32）

この本で使う
スパイス一覧

インド料理に使うスパイスには、たくさんの種類があり、それぞれ役割（香りや薬効）をもち、相性のよい食材や適した使い方があります。これからスパイスをそろえる場合、本書を見て作りたい料理に使っているものを用意すればよいのですが、なかでも、このページの7つは登場回数の多い基本ともいえるスパイス。これをそろえるだけでも、いろいろなタイプの料理を作ることができます。次のページからは、あればますます料理の幅が広がるスパイスを紹介しています。スパイス料理になれたら自分なりのアレンジをするのも楽しいでしょう。

毎日使える ベーシックな スパイス
7

1
ブラックペッパー
黒こしょう。ホール（a）とパウダー（b）を用意して、粗挽きならホールを挽いて使えばピリッとした新鮮な風味が楽しめる。料理に香りと辛みを加え、体を温める効果がある。

2
クミン
セリ科の植物の種子で、インド料理の香りの要。シード（a）とパウダー（b）があり、シードはスタータースパイス（p.15）に多く使われる。どんな食材にもあう香りで、消化を促進する効果がある。

3
レッドペッパー
本書ではホール（a）を赤唐辛子、パウダー（b）をレッドペッパーと表記。チリペッパー、カイエンペッパーも同様に使え、チリパウダーは異なる。体を温めるが摂りすぎると冷えてしまうので注意。

4
ガラムマサラ
ミックススパイス。料理の仕上げに加えて風味を華やかにする。インドでは家庭ごとにブレンドするが市販のものでOK。インド料理には唐辛子とターメリックが入っていないものを選ぶ。

5
ターメリック
ウコンの根塊をゆでて干しパウダーにしたものでカレーの黄色のもと。複数のスパイスの風味をまとめるのに適している。抗菌作用があり、肝臓の働きを助ける。しっかり火をとおし苦味をとって使う。

6
マスタードシード
からしの種子。日本ではブラウンとイエローが入手可。インド料理ではブラウンがよく使われるが、香りは弱いがイエローも同様に使える。火をとおすとツンとした辛さがマイルドな風味になる。

7
コリアンダー
香菜の種子。さわやかな香りで素材の味を引き出す。ホール（a）はそのまま、または粗挽きにして食感と香りを楽しむ。パウダー（b）は煮込み料理に使えば、とろみを出す役割も。

1-a

1-b

3-b

3-a

2-a

2-b

4

5

6

7-a

7-b

次にそろえる
おいしく使える
スパイス

6

1
フェンネル
セリ科の植物、茴香（ウイキョウ）の種子
で、甘くさわやかな香りが肉にも魚にも
あう。口臭を消し、消化を助けるため、シ
ード（a）を乾炒りしたものは食後の口直
しに食べられる。

2
カルダモン
ショウガ科の植物の実で和名は小豆蔲
（ショウズク）。さやの中に種子が入って
いる。花のようなさわやかで高貴な香り。
ホール（a）とパウダー（b）があり、さやを
取って種子だけ使うことも。

3
シナモン
クスノキ科の植物、肉桂（ニッケイ）の樹
皮。本書ではバーク状の「カシア」という
品種を使用。シナモンとして店頭に並ぶ
「セイロン」でもよい。甘い香りが特徴で、
カシアはとくに体を温める効果がある。

4
ベイリーフ
クスノキ科の月桂樹の葉、ローリエ、ロー
レルとも呼ばれる。煮込みなどに加える
と肉の臭みを消す。食欲・消化を増進す
る効果も。調理後は入れたままにすると
変質してしまうので必ず取り出す。

5
チャートマサラ
マンゴーパウダーやクミン、コリアンダー、
岩塩など複数をブレンドして熟成したミッ
クススパイス。風味づけに使う。「屋台
のスパイス」とも呼ばれ、酸味と塩味が
特徴。サラダやフルーツにもあう。

6
クローブ
フトモモ科の植物、丁子（チョウジ）のつ
ぼみ。独特の甘い香りで、風味づけや臭
み消しに適している。防腐効果に優れ、
軽い麻酔作用がある。ホール（a）を使う
ことが多いがパウダー（b）もある。

おいしさの 幅が広がるスパイス

1 ヒーング

セリ科の植物の根茎の樹液をかためたもの（写真はその粉末）。強烈な硫黄臭があるが、少量使うと旨みが出る。ガスを抜く効果がある。

2 カシミーリーチリ

インド・カシミール州産の赤唐辛子。大型で濃い赤色。鷹の爪よりもおだやかな辛みで、甘みや旨みもある。品種によって用途が分かれる。

3 サンバルパウダー

南インドの豆と野菜のスープ、サンバルに使われるミックススパイス。トゥール豆やコリアンダーが配合され、南インド風味のカレー粉として使える。

4 花椒

中国の山椒、華北山椒（カホクザンショウ）の実。しびれるような独特の辛さと華やかな香りがあり、少量加えると風味のアクセントになる。

5 スターアニス

八角。シキミ科の植物の果実。甘みのある香りで、スタータースパイスで香りを抽出したり煮込みに加えたりして使う。体を温める作用がある。

6 山椒

日本の山椒の実。花椒よりも辛みはマイルドで、さわやかな香り。スパイスとしてはパウダーがポピュラー。料理の仕上げにふりかけても使える。

7 パプリカ

食卓にのぼるパプリカとは異なる品種の実のパウダー。辛みはなく、色づけとして使うことが多い。油と混ぜ加熱すると味や香りが出てくる。

特別な食材とオイル

【フレッシュ】　1香菜：コリアンダーの葉。パクチー。2カレーリーフ：南インドなどに生育するミカン科の植物の葉で、名前のとおりカレーのような香り。ドライも流通するが香りはフレッシュが勝る。3ココナッツファイン：スパイスではないがインド料理によく使うココヤシの果実を削って乾燥させたもの。独特の甘みがある。4グリーンチリ：赤く熟す前の唐辛子。赤唐辛子にはないフレッシュな辛みがある。種を取り除くと辛さをおさえられる。

【オイル】　1ひまわり油：本書では植物油にひまわり種子の油を使用。料理の地域性、食べる人の体質を選ばない万能オイル。2マスタードオイル：マスタード種子の油。シード同様にピリッとした辛みがある。3オリーブオイル：オリーブ果実の油。洋風の味つけや非加熱で使うときに便利。4ギー：インド料理に使われる純粋な動物性油脂。作り方はp.19。5ココナッツオイル：ココヤシ果実の油。甘い香りが特徴。

香りが生きる
スパイスの
使い方

スパイスの使い方には、調理前、調理中、仕上げに入れる3つのタイミングがあります。ドライスパイスは加熱して使うのが原則なので、仕上げに使う場合は炒ったり、油でタルカしたりして加えます。

調理中では、まず調理に使う油でスパイスの香りや薬効を移すスタータースパイス、次に調理中の素材に加えて一緒に加熱する、といった手順で使われます。加えるタイミングでスパイスの香り方が変わるので、いくつかのタイミングで加えることで、より深い風味となります。一部のドライスパイスやフレッシュスパイスはトッピングにも使います。

素材にまぶす

肉や魚だけでなく野菜にも、調理前に下味をつけるのにスパイスが活躍します。料理にあわせて単品使いでもミックス使いでもOK。素材にまんべんなくふりかけるか、もみ込みます。香りや味をつけるだけでなく、スパイスの種類によっては、殺菌や臭み消しにも！ 魚介などをスパイスを溶いた水で洗う使い方もあります。

向くスパイス

◎ ターメリック
◎ レッドペッパー
◎ ブラックペッパー
◎ ガラムマサラ
◎ シナモンパウダー
◎ カルダモンパウダー　　など

油に香りを移す

ぜひ覚えたいスパイスのベーシックな使い方のひとつ。調理前の油にスパイスを入れ、その香りや薬効を油で抽出する「スタータースパイス」です。スパイスの多くは、熱することで香りが引き出され、油と合わせることで成分が抽出されます。熱する時間はスパイスにより異なるので、焦げないように目でしっかり確認、タイミングを逃さないコツを覚えましょう。同時、または時間差でほかのスパイスを加えることもあります。

向くスパイス
- ◎ **クミンシード**
- ◎ **マスタードシード**
- ◎ **カシアシナモン**
- ◎ **赤唐辛子**
- ◎ **クローブ** など

出番の多いクミンシードの場合、まず油を熱してから数粒を落としてみてシューッと泡が出てきたら残りのクミンをすべて入れて、シードがはじけて香りが出て色がついてきたら、次の材料を入れる。次の材料を入れることで油の温度を下げられ、音が静まるまぜ混ぜることで焦げを防ぐことができる。

マスタードシードもクミンと同じく、数粒落としてみてはじけてきたら全量を入れる。このときはじけ飛ぶのでしばらくふたでカバーするといい。

複数のスパイスをにんにくなどとじっくり時間をかけて抽出し、ざるでこして作ったスパイスオイルだけを使うこともある。

調理中に入れる

パウダースパイスは調理中に加える使い方がポピュラーです。1種～数種類のスパイスと調味のための塩などをあらかじめ混ぜておき、炒めたり煮たりしているところに加えます。煮る料理にシードやホールを加えれば風味が引き出されます。ターメリックなど、しっかり火をとおしたいスパイスは、調理の前半に加えます。

向くスパイス

◎ ターメリック
◎ レッドペッパー
◎ コリアンダーパウダー
◎ クミンパウダー
◎ サンバルパウダー　　など

仕上げにふりかける

通常スパイスは、しっかり火をとおして使いますが、ブラックペッパやレッドペッパー、ガラムマサラなど一部のスパイスは最後にふりかけて使うこともできます。調理中にとんだ香りをおぎない、フレッシュな香りが楽しめます。鍋の中にふり入れ、混ぜて全体になじませたり、器に盛ってからふりかけても。レッドペッパーをふりかければ辛さがアップします。

向くスパイス

◎ ガラムマサラ
◎ レッドペッパー
◎ ブラックペッパー
◎ チャートマサラ
◎ 花椒　　など

タルカする

熱した油にスパイスの香りを移し、熱い油ごと料理にかけるのが、タルカです。テンパリングと呼ぶことも。おもに仕上げにかけるのでフレッシュなスパイスの香りと香ばしさを存分に楽しめます。肉や魚、野菜のおかずやカレーはもちろん、サラダやスープ、お粥にも、あらゆる料理に使えるインド料理のすばらしいテクニックです。

向くスパイス

◎クミンシード
◎マスタードシード
◎ヒーング
◎スターアニス
◎赤唐辛子　　など

小鍋で油とスパイスを熱しスパイスの香りを移したら、熱々のままジューっと料理の仕上げにまわしかける。鍋をふると油がこぼれやすいので、必ずへらや菜箸を使う。火力調整はコンロでするよりも、鍋を火から離して弱火にするとよい。

調理の前に
スパイスの下準備

　スパイスの香りや薬効をきちんと引き出すためには、ちょっとだけ下準備が必要です。調理中に加えるパウダースパイスは、あらかじめ複数のスパイスと塩などを混ぜあわせておくことで、鍋にふり入れたときにむらなく全体に風味をつけることができます。あらかじめ計量・調合することで調理もスムーズにできます。

　植物の種子や実を乾燥させたホールスパイスは、挽いたり熱したりすることで精油成分が放たれ香りがグッと立ってきます。スタータースパイスやタルカも、この性質を利用した調理法です。いずれのスパイスも火をとおすのが基本です。

調合しておく

調理中にふり入れて使うことが多いパウダースパイスは、それぞれ計量して、小皿などでよく混ぜあわせておくと、鍋に入れて混ぜたときに、むらなく色や風味がつけられる。

挽いておく

粒々のホールスパイスは麺棒、すり鉢、ミルなどで挽くことで、違った味わいを作ることができる。使い方にあわせて粗さを調節すれば、ザラっとした舌触りなども楽しむこともできる。

炒っておく

調理の工程でスパイスに火をとおさないレシピでは、フライパンで乾煎りして使うことも。香ばしさもプラスされる。弱～中火で焦がさないよう、フライパンをゆすりながら色づき香りが出るまで炒る。

知っておきたい
スパイスの
入手と保存

古くなると香りがとぶので、購入するときは使用量や頻度を考えて、早めに使いきれる量を、なるべくこまめにそろえるとよい。

においが移るのでガラス製がおすすめ。ジャムの空き瓶などを利用してもよい。頻繁に使うなら、片手で開けられる容器も便利。

　大型のスーパーマーケットや輸入食材店などで、ほとんどのスパイスが手に入ります。スパイス専門店なら珍しいスパイスが見つかることも。ネットショップも便利です。

　スパイスに湿気は大敵。スパイスは常温で涼しく湿気のない場所に置きます。コンロの近くはNG。袋入りなどを保存容器に移し替えるときは、ふたのしっかり閉まるものを選びます。使ったらふたをすぐ閉める、湿ったスプーンを使わないことも大切です。

——— 材料を手作りする ———

レシピに登場する材料のうち、この2点は手作りするのがおすすめ。
どちらも多めに作って保存が可能です。

ローストクミンパウダー

非加熱のレシピに使うクミンパウダーは、炒って加熱し、細かく挽いてパウダーを手作りする。右の色になるくらいまで炒ってから、麺棒やミルで挽く。粗挽きもおいしい。香りが残っているうちに使い切る。

ギー

無塩バターでギーを作る方法。①300g以上の無塩バターを鍋に入れ溶かす。②弱火にして混ぜずに、沸いて泡が出るのを待つ。③だんだん泡が大きくなってくる。④再び泡が細かくなると液が澄んで鍋底が見え、香りが出てくる。⑤不織布のペーパータオル(リードなど。紙タイプだと目詰まりする)でこす。⑥熱い油を注ぐので耐熱容器(ふた付き)が適する。常温で保存。

◎レシピについて

○ カップ1＝200㎖、大さじ1＝15㎖、小さじ1
＝5㎖、適量＝味や好みにあわせて調整す
る、適宜＝入れても入れなくてもお好みで。

○ 材料についている「●」は、スパイス（フレッ
シュを除く）を示しています。

○ 特に表記がない場合、塩は天然塩、しょう
ゆは濃口、砂糖は洗糖（ブラウンシュガー）、
植物油はひまわり油を、ブラックペッパーは
パウダーを使用しています。

○ だし汁はお好みのものを使ってください。

○ 火かげんが記されていない場合は中火で
調理します。

○ コンロ、オーブン、トースターの火かげんや
加熱時間は目安です。具合をみて調整して
ください。

Stir Fry

炒める

ひき肉とピーマンの炒めもの

素材のクセやアクを除き、おいしさを引き出すスパイスのおかげで、
ピーマンを丸ごと使って、種のほろ苦さまで味わえる、肉と野菜の炒めもの。
日本人には親しみのあるしょうゆで発酵の味もプラスして、
白いご飯にもよくあうおかずになりました。

材料—2人分

豚ひき肉	200g
ピーマン	5個
植物油	大さじ1
● 赤唐辛子	1/2本
● クミンシード	小さじ2/3
● ターメリック	小さじ1/2
塩	小さじ1/2
しょうゆ	小さじ1と1/2
● ガラムマサラ	小さじ1/2
● ブラックペッパー	小さじ1/4

作り方

① ピーマンは縦半分に切ってからヘタだけを薄く切り取り、種ごと縦横に6等分（1個のピーマンを12等分）に切る※1。赤唐辛子は種を抜く。

② フライパンに植物油を中火で熱し、赤唐辛子を入れてから、クミンシードを数粒入れる。

③ クミンからシューッと泡が出てきたら残りのクミンをすべて入れ a 、はじけて香りが出て色がついてきたら、ひき肉を加え炒める。

④ 肉に半分ほど火がとおったら※2ターメリックをふり入れ b ※3、すぐにピーマンを入れ強火にし、塩を入れて炒める。※4

⑤ 肉にしっかり火がとおり、ピーマンはしゃっきりと炒めあがったら鍋肌からしょうゆをかけまわしてひと混ぜし c ※5、ガラムマサラとブラックペッパーをふり混ぜる。※6

※1 この料理の調理時間でちょうどよく火がとおるのはこの形でこの大きさ。

※2 完全に火がとおったあとよりも肉の臭みが取れ、そして味のしみ込みがよい。

※3 ターメリックには完全に火をとおす必要があるので一番はじめに入れる。

※4 塩が入ると素材から水分が出てくるのでしゃっきりと炒めたいときは後入れにする。

※5 鍋肌から入れるのは香ばしくするため。

※6 ガラムマサラで調理中に飛んだ香りが生き返り華やかに、ブラックペッパーで味が引き締まる。

a

b

c

アレンジアイデア

ピーマンのほか、アスパラガス（斜めに3〜4cmに切る）、固ゆでしたブロッコリー、粗みじん切りにして塩でもんでからサッとゆでたゴーヤーなどを使ってもおいしい。

Kaoru Note

鶏レバーと砂肝のスパイス炒め

尊敬するネパール料理のシェフから教えてもらった
肉の下処理の方法はすばらしく、ターメリックの働きのおかげで、
とてもかんたんにレバーや砂肝が扱えるようになりました。
必ずマスタードオイルを使ってほしい料理です。

材料—4人分

鶏レバー ‥‥‥‥‥‥‥‥‥200g
鶏砂肝 ‥‥‥‥‥‥‥‥‥‥200g
● ターメリック ‥‥‥‥‥‥小さじ1
植物油（ゆで用）‥‥‥‥‥小さじ1
マスタードオイル ‥‥‥‥‥大さじ1 ※1
● マスタードシード ‥‥‥‥小さじ1
● クミンシード‥‥‥‥‥‥‥小さじ1
● 赤唐辛子‥‥‥‥‥‥‥‥‥1本※2
にんにく、しょうが ‥‥‥‥各1かけ
(A)調合するスパイスなど
　　● コリアンダーパウダー ‥‥小さじ1強
　　● ガラムマサラ‥‥‥‥‥‥小さじ1
　　● ターメリック ‥‥‥‥‥小さじ1/2
　　塩‥‥‥‥‥‥‥‥‥‥‥‥小さじ1
トマト（かためのもの）‥‥‥‥1個
針しょうが、香菜 ‥‥‥‥‥‥適量

作り方

① にんにく、しょうがはみじん切り、トマトは2cm程度の
　　ざく切り、(A)は混ぜあわせる。
② レバー（切らずにそのまま）と砂肝（筋も取らずそのま
　　ま）はよく洗う。鍋に肉がひたひたになる量の水とター
　　メリックと植物油を入れて沸かす。[a]※3
③ 砂肝とレバーを入れてふたをして、再沸騰後弱火で
　　10分ゆでて、ざるにあげる。
④ レバーは1切れを3〜4cm、砂肝は片側4等分に切る。
⑤ フライパンにマスタードオイルを中強火で熱し、マスタ
　　ードシードを数粒落してパチっとはじけはじめたら残
　　りのマスタードシードとクミンシードを入れる。[b]※4
⑥ マスタードのはじける音が静まり、クミンシードが色
　　づいて香りが出てきたら、赤唐辛子、にんにく、しょう
　　がを入れる。[c]
⑥ にんにくに火がとおったよい香りがしてきたら、レバ
　　ーと砂肝を入れ、強火にして2分炒める。
⑦ (A)を入れて1分、トマトを入れてもう1分炒める。
⑧ トマトが温まったら火を止め皿に盛り、針しょうがと香
　　菜をトッピングする。

※1 マスタードオイルは加熱しないと使えないので途中で
　　足してはいけない。はじめに計量する。
※2 辛いのが好みの人は赤唐辛子を小口切りにすると辛
　　みが増す。
※3 ターメリックが肉をやわらかくするので筋切りの必要が
　　なく、アクと臭みも取れ、食べやすくなる。ターメリック
　　は脂溶性なので油分を入れてゆでるといっそう効果的。
※4 はじけたシードがパチパチと飛んでくるので鍋ぶたなど
　　で数秒カバーするとよい。

パプリカ炒め

野菜ひとつのシンプルな炒めもの。
油で炒めるとおいしいパプリカを
スパイスで炒めて、ほんのり味噌風味に。
つぶつぶのスパイスの食感がおいしい。

材料—2人分

パプリカ・・・・・・・・・・・・・・・・・	2～3個
植物油・・・・・・・・・・・・・・・・・・	大さじ1
● マスタードシード・・・・・・・・・	小さじ2/3
● クミンシード・・・・・・・・・・・・	小さじ2/3
(A)調合するスパイスなど	
● コリアンダーパウダー・・・・	小さじ1
● ターメリック・・・・・・・・・・・	小さじ1/3
● レッドペッパー・・・・・・・・・	小さじ1/4
塩・・・・・・・・・・・・・・・・・・・・	小さじ1/2
(B)調合する調味料	
味噌・・・・・・・・・・・・・・・・・	大さじ1
酒・・・・・・・・・・・・・・・・・・・	大さじ1
みりん・・・・・・・・・・・・・・・・	小さじ2
しょうゆ・・・・・・・・・・・・・・・・・	小さじ1/2

作り方

① パプリカは縦半分に切り種とヘタを取り、2㎝角に切る。
② (A)と(B)はそれぞれ混ぜあわせる。
③ フライパンに植物油を中強火で熱し、マスタードシードを数粒落してパチっとはじけはじめたら、残りのマスタードシードとクミンシードを入れる。
④ マスタードシードのはじける音が静まり、クミンシードが色づいて香りが出てきたらパプリカを入れ強火にして炒める。
⑤ すぐに(A)を入れて混ぜ、火がとおったら(B)を加える。
⑥ 調味料が全体に混ざったら最後にしょうゆをまわしかけ、すぐに火を止める。

Kaoru Note

アレンジアイデア

丸ごとのししとう(縦にスリットを入れておく)、青くかたいトマト、ピーマンなどナス科の野菜があう。

オクラの
テルダーラ

スリランカ料理。
テルダーラは油炒めという意味。
かつお節を使うスリランカ料理の
旨みは日本人好み。
唐辛子とココナッツとレモン汁を使って、
辛くすっぱくて甘い……クセになる味。

材料—2人分

オクラ・・・・・・・・・・・・・	20本
玉ねぎ ・・・・・・・・・・・	小1/2個
グリーンチリ ・・・・・・	1本 ※1
トマト ・・・・・・・・・・・	1/2個
● 赤唐辛子・・・・・・・・	1/2本
かつお節(厚削り)※2	
・・・・・・・・・・ 細かく手で崩して大さじ1[a]	
塩・・・・・・・・・・・・・	小さじ2/3
ココナッツオイル ・・・・	大さじ2
ココナッツファイン ・・・	大さじ2
レモン汁 ・・・・・・・・・	小さじ1強

作り方

① オクラは2cm長さに斜め切りにして、油をひかずに温めたフライパンに入れ乾煎りする。8割ほど火がとおったら取り出す。こうすることで粘りが止まる。[b]

② 玉ねぎは繊維方向に3〜4mmの薄切りにしてから長さを半分に切る。トマトは1.5cm角に切り、グリーンチリは小口切りにする。赤唐辛子は細かくちぎる。

③ 同じフライパンにココナッツオイルを中火で熱し玉ねぎ、グリーンチリを入れ、玉ねぎが色づくまで炒める。

④ トマトと赤唐辛子を入れ、強火にして1分炒めたら、オクラをフライパンに戻してかつお節と塩を加えて混ぜ、オクラにしゃっきりと火がとおるまで炒める。

⑤ ココナッツファイン、レモン汁を入れて混ぜる。

※1 ししとう2本を種ごと薄切りにして代用可。
※2 かつお節は薄く削ったものではなく大きく厚く削ったタイプを手でもみくずして使う。さば節は使用不可。

スパイシーガーリックシュリンプ

炒めものにギーを使うのはインド式のすばらしい調理方法です。
ギーは煙が出るまでの温度（煙点）が250℃と高く、焦げにくいため、
スパイスの薬効や香りを油（ギー）に溶かして使うのに適します。
バターでこのやり方をすると焦げてしまいます。

材料―2人分

ブラックタイガーなどの大きめのえび‥	8尾
ギー‥‥‥‥‥‥‥‥‥‥‥‥‥	大さじ2
にんにく‥‥‥‥‥‥‥‥‥‥‥	1かけ
(A)抽出するホールスパイス	
● シナモンスティック（カシア）‥‥‥	約10㎝ ※1
● ブラックペッパーホール‥‥‥‥‥	15粒
● クローブ‥‥‥‥‥‥‥‥‥	4粒
● 赤唐辛子‥‥‥‥‥‥‥‥‥	2本
● ブラックペッパー粗挽き‥‥‥‥‥	小さじ1/2
岩塩‥‥‥‥‥‥‥‥‥‥‥‥	小さじ1/4
しょうゆ‥‥‥‥‥‥‥‥‥‥	小さじ1弱
パセリ（みじん切り）‥‥‥‥‥‥	適量
レモン（くし形）‥‥‥‥‥‥‥	2個

作り方

①にんにくは薄皮ごとつぶす。シナモンは3〜4個に割り、赤唐辛子は半分にちぎる。

②えびは足を取り、殻ごと背中から深くハサミを入れて背開きにし背ワタを取り、真ん中の尖った尾を外して、身を平たくつぶす。[a]

③フライパンにギーとにんにくと(A)を入れて弱火で熱し、ふつふつと沸いてきたら可能な限りのごく弱火にして、10分ほどかけてスパイスの精油をゆっくりギーに移す。

④ざるでスパイスをこして油をフライパンに戻したら、強火にしてえびを炒める。

⑤すぐにブラックペッパーと岩塩を均一にふり、えびの殻がすべて赤くなり火がとおったら、しょうゆをまわしかけて火を止め、パセリを混ぜる。

⑥皿に盛りレモンを添える。

※1 シナモンは大きく分けて中国原産のカシア種と、スリランカのセイロン種がある。カシアは香りが強く辛みがあり体を温め、セイロンはスーッとした上品な香りで、体を熱くしすぎないという性質がある。

インド式スクランブルエッグ

インドの朝食では卵料理をトーストにのせる食べ方が人気です。
割りほぐした卵に材料を全部入れて炒めるだけなので、
忙しい朝にもあっという間にでき上がるのがうれしい。
半生仕上げの玉ねぎとトマトのシャキシャキ感が食欲をそそります。

材料—2人分

卵	3個
紫玉ねぎ	60g
トマト(かためのもの)	小1個
グリーンチリ	1本
塩	小さじ1/4
● ブラックペッパー	小さじ1/4
植物油	大さじ1
● クミンシード	小さじ1/2
香菜(ざく切り)	1/2カップ

作り方

①紫玉ねぎは粗みじん切り、トマトは小さめにざく切り、
　グリーンチリは小口切りにする。

②ボウルに卵を溶きほぐし、紫玉ねぎ、トマト、グリーン
　チリ、塩、ブラックペッパーを入れる。

③フライパンに植物油を中火で熱し、クミンシードを数
　粒入れる。クミンからシューッと泡が出てきたら残り
　のクミンをすべて入れて、はじけて香りが出て色がつ
　いてきたら②を流しこむ。

⑤鍋底の卵がかたまってきたらフライ返しやへらでそっ
　と返すようにして混ぜる。これを繰り返して、好みの
　かたさのスクランブルエッグを作る。

④仕上げに香菜を混ぜる。

スナップえんどう炒め

キャベツのメラクピラティ

きのこのスパイスオイル炒め

スナップえんどう炒め

インドではグリンピースの旬の時期にだけ、豆だけでなく
さやごとこの調理法でグリンピースを食べます。
日本ではスナップえんどうで同じ料理ができます。

┌─ 材料—4人分
スナップえんどう ・・・・・・・・・・ 200g
にんにく(スライス) ・・・・・・・・ 2枚
植物油・・・・・・・・・・・・・・・・ 大さじ1
● クミンシード ・・・・・・・・・・・ 小さじ1/2
● ターメリック ・・・・・・・・・・・ 小さじ1/4
塩・・・・・・・・・・・・・・・・・・ 小さじ1/3
● チャートマサラ ・・・・・・・・・・ 小さじ1/2

┌─ 作り方
①スナップえんどうは筋を取る。にんにくは細かいみじ
　ん切りにする。
②フライパンに植物油を中強火で熱し、クミンシードを
　数粒入れる。クミンからシューッと泡が出てきたら残

りのクミンをすべて入れて、はじけて香りが出て色が
ついてきたら、にんにくを入れて炒める。
③にんにくに火がとおったよい香りがしてきたら、えんど
う、ターメリック、塩を入れ、えんどうにしゃっきりと火
をとおす。
④チャートマサラを加えて、混ぜあわせる。

Kaoru Note

アレンジアイデア

固ゆでしたブロッコリー、アスパラガス
（根元5cmの皮をむいてから、3cm長
さの乱切りにする）、固ゆでしてさや
から出したそら豆などでも、おいしく作
ることができる。

キャベツのメラクピラティ

メラクピラティは南インド料理で、味つきのホットサラダのような炒めもの。
ポリヤルと似ていますがもっと簡単で、味つけも辛くなくマイルドです。

┌─ 材料—2人分
キャベツ ・・・・・・・・・・・・・・ 220g
玉ねぎ ・・・・・・・・・・・・・・・ 1/4個
ココナッツオイル ・・・・・・・・・ 小さじ2
● マスタードシード ・・・・・・・・ 小さじ1/3
● カレーリーフ ・・・・・・・・・・ 10枚
● ターメリック ・・・・・・・・・・ 小さじ1/5
● ブラックペッパー ・・・・・・・・ 小さじ1/5
● レッドペッパー ・・・・・・・・・ ふたつまみ
塩・・・・・・・・・・・・・・・・・・ 小さじ1/3
ココナッツファイン ・・・・・・・・ 大さじ1と1/2

┌─ 作り方
①キャベツは1cm幅の食べやすい長さに切る。芯は繊
　維と垂直の薄切りにする。玉ねぎは繊維方向に4〜5
　mm幅の薄切りにしてから長さを3等分に切る。

②フライパンにココナッツオイルを中強火で熱し、マス
タードシードを入れて、はじけはじめたらカレーリーフ
を入れ(はねるので注意)、すぐに玉ねぎを加えて炒
める。
③1分炒めたらターメリックを加えて混ぜ、キャベツを入
れて強火にし、ブラックペッパー、レッドペッパー、塩
を加える。
④しゃっきりと炒めたら、最後にココナッツファインを加
えて混ぜる。

アレンジアイデア　　　*Kaoru Note*

いんげん、じゃがいも、にんじん、ビーツなどもあ
う。サッと炒めるだけで火がとおらないかたい野
菜の場合は、下ゆでしてから作る

きのこのスパイスオイル炒め

ホールスパイスの香りや薬効を油でじっくり熱して抽出したスパイスの香味油で、
香りのよい数種のきのこを炒めます。
素材からしみ出てくる汁がおいしいので、
カレーのようにご飯と一緒に食べるのがおすすめです。

材料―2人分

マッシュルーム	1パック
しめじ	1パック
しいたけ	3枚
玉ねぎ	120g
トマト	1/2個
にんにく	1かけ
植物油	大さじ2と1/2

(A)抽出するホールスパイス
- ブラックペッパー ……… 4粒
- カルダモン ………… 1個
- 赤唐辛子 …………… 1/2本

(B)調合するスパイスなど
- ガラムマサラ ……… 小さじ2/3
- ターメリック ………… 小さじ1/2
- レッドペッパー ……… 小さじ1/4
- 塩 …………………… 1

水	50mℓ

- ブラックペッパー ……… 小さじ1/4

香菜(ざく切り)	1/2カップ分
針しょうが	適量

作り方

① マッシュルームは大きければ4等分、小さいものは半分に切る。しめじは根元を切ってほぐし、しいたけは石づきを取り、1枚を4等分に切る。

② 玉ねぎは繊維方向に5mm幅の薄切りにして長さを半分に切る。トマトはざく切りにする。にんにくはすりおろす。カルダモンはさやを割る。(B)は混ぜあわせる。

③ 小フライパンに植物油と(A)を入れてごく弱火にかける。3〜4分かけてスパイスの精油を油に移したら、ざるなどでこしてスパイスオイルを作る。a

④ ③のスパイスオイルをきのこを炒めるためのフライパンに入れ、玉ねぎとにんにくを炒める。

⑤ 玉ねぎ、にんにくに色がつき油がしみ出てきたら(B)を入れ、軽く炒めたらトマトを加える。

⑥ トマトが煮くずれてきたらb、きのこを加えてさらに炒める。

⑦ 水を入れてふたをして5分で火を止め、ブラックペッパーと香菜を混ぜこみ、器に盛りつけて針しょうがをトッピングする。

ツナと野菜のスパイス炒め

インド料理のおかず「サブジ」は野菜のスパイス料理のこと。
けれど日本では、ノンベジなスパイスおかずを作るのもよいかと思います。
インドのサブジを食べなれた人には、ツナ入りは新しい味。
サンバルパウダーを使うのがポイントです。

材料－4人分

ツナ缶（身の厚いソリッドタイプ） ‥	大1缶（約135g）
アスパラガス ‥‥‥‥‥‥‥‥	6本
じゃがいも ‥‥‥‥‥‥‥‥‥	2個
植物油 ‥‥‥‥‥‥‥‥‥‥	大さじ1
● マスタードシード ‥‥‥‥‥	小さじ1
● サンバルパウダー ‥‥‥‥‥	小さじ2/3 ※1
塩 ‥‥‥‥‥‥‥‥‥‥‥‥	小さじ2/3
ギー ‥‥‥‥‥‥‥‥‥‥‥	小さじ2
● ブラックペッパー ‥‥‥‥‥	少々

作り方

①じゃがいもは皮ごと4つに切り、ターメリック小さじ2/3
（分量外）を溶かしたひたひたの水でゆでる。火が
とおったら皮をむき、各1切れを手で半分に割る（じ
ゃがいも1個を8等分）。a

②アスパラガスは根元5cmほどまで皮をむきb、2cm長
さの乱切りにする。ツナ缶は油をしっかり切る（油が
残ると臭みが出る）。

③鍋に植物油を中強火で熱し、マスタードシードを数
粒入れる。はじけはじめたら残りのマスタードシード
をすべて入れて、はじける音が静まってきたら、アス
パラガスを入れ、1分後にツナを加える。

④すぐにサンバルパウダーと塩を入れて混ぜる。

⑤約1分半でアスパラガスに火がとおったら、じゃがい
もを入れ、ギーを加えて溶かしながら混ぜ、ブラック
ペッパーをふり、なじんだら火を止める。

※1 サンバルパウダーはサンバルに使うミックススパイス。
スパイス店で手に入る。

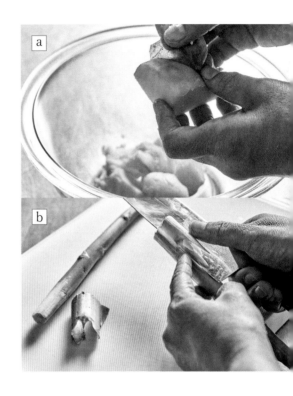

Kaoru Note

アレンジアイデア

長いもとツナ、ブロッコリーとツナなどの組みあわ
せもおいしい。炒めあがりが均一になるよう、切
り方やサイズを工夫したり、下ゆでをしたりして、
野菜を組みあわせるとよい。

インド式青菜炒め

インドで青菜（サーグ）を炒めるのは、冬のお楽しみ。
リーズナブルな大根葉から高級葉のほうれんそうまで、
それぞれの葉の特徴を生かして料理されます。

〈大根葉〉

材料―2人分

大根葉‥‥‥‥‥‥‥‥‥‥ 1本
大根‥‥‥‥‥‥‥‥‥‥‥ 4cm
玉ねぎ（縦薄切り）‥‥‥‥‥ 150g分
トマト（1cm角切り）‥‥‥‥ 小1/2個分
にんにく、しょうが（すりおろし） あわせて小さじ1/2
マスタードオイル‥‥‥‥‥‥ 大さじ2
● クミンシード‥‥‥‥‥‥ 小さじ1/2
赤唐辛子（種を取り細かくちぎる）　1本
(A)調合するスパイスなど
　● コリアンダーパウダー‥‥ 小さじ1
　● クミンパウダー‥‥‥‥‥ 小さじ1/2
　● ターメリック‥‥‥‥‥‥ 小さじ1/3
　● レッドペッパー‥‥‥‥‥ 小さじ1/3
　塩‥‥‥‥‥‥‥‥‥‥‥ 小さじ2/3

作り方

① 大根葉は5mmほどのみじん切り、大根は縦方向に6〜7mm太さの細切りにする。(A)は混ぜあわせる。
② フライパンに中強火でマスタードオイルを熱し、クミンシードを数粒入れる。クミンからシューッと泡が出てきたら残りのクミンをすべて入れて、香りが出て色がついてきたら赤唐辛子、玉ねぎを入れて5分炒める。
③ 玉ねぎがくったりしたら大根を入れて、さらに5分炒める。
④ にんにく、しょうがを入れてひと混ぜしてから、(A)を加えて1分炒める。
⑤ トマトを入れて強火にし大根葉を加え、野菜がよく混ざって熱くなったら、ふたをして弱火にして2分ほど、全体がくったりしたら火を止める。

〈ほうれんそう〉

材料―作りやすい分量

ほうれんそう ・・・・・・・・・・・・ 1束
植物油・・・・・・・・・・・・・・・・・ 大さじ2
● クミンシード ・・・・・・・・・ 小さじ1/2
にんにく(みじん切り) ・・・・・ 1/2かけ
玉ねぎ(縦薄切り) ・・・・・・・ 1/4個
トマト(小さめのざく切り) ・・・ 1/2個分
● ターメリック ・・・・・・・・・ 小さじ1/3
塩・・・・・・・・・・・・・・・・・・・ 小さじ1/3
ギー ・・・・・・・・・・・・・・・・・ 小さじ1と1/2

作り方

①ほうれんそうは半量を1cm長さのザク切りにする。
②鍋に湯を沸かし重曹小さじ1(分量外)を入れ、刻んでいないほうれんそうをくったりするまでゆでる。
③ざるにあげ流水で洗い、フードプロセッサーなどでペースト状にする(分量外の水を50mℓほど足してもよい)。
④フライパンに植物油を中火で熱し、クミンシードを数粒入れる。クミンからシューッと泡が出てきたら残りのクミンをすべて入れて香りが出て色がついてきたら、にんにくを色がつくまで炒め、玉ねぎを加える。
⑤玉ねぎがくったりして色がつきはじめたら、①を加え、すぐにターメリックを入れて混ぜる。
⑥トマトと塩を入れてトマトが温まったら③を入れて温め、仕上げにギーを混ぜ溶かす。

〈アレッタ〉

材料―4人分

アレッタ ・・・・・・・・・・・・・・ 太い茎のもの4本 ※1
マスタードオイル ・・・・・・・・・ 大さじ1強
● マスタードシード ・・・・・・・・・ 小さじ1
● 赤唐辛子(種を取り輪切り) ・・1本
砂糖・・・・・・・・・・・・・・・・・・・ 少々
岩塩・・・・・・・・・・・・・・・・・・・ 小さじ1/3
しょうゆ ・・・・・・・・・・・・・・・・ 小さじ1/2

作り方

①アレッタは根元から上に向かって縦半分に切り、太い茎は根元に3～4cm包丁を入れたら、茎側だけを熱湯に15秒つけてすぐにざるに出す。
②フライパンにマスタードオイルを中強火で熱し、マスタードシードを数粒入れる。はじけはじめたら残りのマスタードシードをすべて入れて、はじける音が静まってきたら赤唐辛子を入れてひと混ぜし、すぐにアレッタを入れて強火にする。
③上下を返しながら油をからめて焼き、砂糖と岩塩を均一にふりかける。
④菜箸で押さえながらアレッタに少し焦げ目をつけたら、しょうゆをふりかけてひと混ぜして火を止める。

※1 アレッタはケールとブロッコリーの掛けあわせ野菜。かき菜やターサイも向く。

インド亜大陸の食

スパイスを使った料理が日々の食事を担っている……といってもその地域は広大です。
代表的な地域分類で特徴をまとめてみました。
レストランを訪ねて食べ歩きをしたり、自分で作ることに挑戦するときにぜひ参考にしてください。

北と南

　よく語られるのは北と南の差です。菜食主義者の多い国なので全土で野菜料理の割合は多いのですが、スパイス使いの差や主食の違いからすばらしいバリエーションが生まれました。

　早い時代に日本人に好まれ定着したのが北インドのムガール料理だったことから、ナーンやタンドリーチキン、キーマカレー、バターチキンなどのこってりしたごちそう料理がまず広まります。小麦から作られるナーンは特に愛されて日常食のチャパーティーに代わりレストランで大人気。ギーやクリームなど乳製品のぜいたくさがさらに深い味を作り北インド料理ファンは増えていきました。

　やがてインドに旅行する人が増え南インド独特の米食文化が知られるようになりました。サラッとしてピリリと辛い、汁気の多いカレー料理はお米によくあい、それに添えられたココナッツ味の炒めものや豆を使った料理、少し汁けのあるセミグレイビーなバリエーションなどを一緒に盛る「ミールス」という定食形式が日本に上陸！　米や豆を発酵させた生地を焼いたドーサ、蒸したイドゥリ、揚げたワダなどもどれも魅力的です。

ネパール

　世界の屋根、ヒマーラヤを頂くネパールの食文化は北インドと似ていますが、北インドでは通常食されないビーフがバッファローの肉ではありますが手に入ることや、肉や野菜を漬けた発酵食品があったり、チベット料理の影響を受けた蒸し餃子の屋台が寒い冬に湯気でお客さんを惹きつけるストリートフードとして人気があったりと、旅をしていても、ずいぶんインドとは違う情緒を感じます。

　スパイス使いは、土地柄やはり力が出るような体が温まる系の使い方が多く、名物料理は民族ごとに特徴が大きく違います。そば粉をそばがきのように練りあげて主食とする地方もあれば、インドとまったく変わらないチャパーティーが日常食である家庭もとても多いです。豆カレーのダールとごはんのバート、そこにタルカリと呼ばれるおかず（通常は野菜、ときには肉）がつくワンプレート盛りは家庭らしい温かい味です。

西と東

　こうしてスパイス料理に目覚めた私たちに、今後おすすめな新しい味は東インドのベンガル料理や西インドのラージャスターン州やマハーラーシュトラ州の味。スパイス料理は油が変わるとぐっと趣が変わります。東インドで使われることが多いマスタードオイルはピリリとして濃い刺激的な味と香り。魚やえびなども豊富に捕れるからシーフード好きな日本人にはたまりません。また、スイーツといえばベンガルというくらいお菓子作りにはすばらしい伝統があり、これもまた東インドの見逃せない魅力です。

　対して西インドにはそのまま砂漠へつながる2つの州があり、ピーナッツ油のおいしさや甘みを入れたカレーのグレイビー、雑穀を使った珍しい主食に驚くほどのバリエーションがあります。ベジタリアンの多い地域ならではの豆粉を使ったスナックなども楽しいです。ペルシャからやってきた拝火教徒の料理が味わえるのもこの地域ですし、ポルトガルを君主国としていたゴアという地域には豚の内臓肉やワインビネガーに浸けて寝かせた肉のカレーなどとても珍しい食文化が残っています。

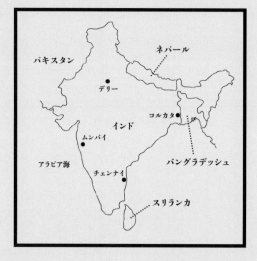

スリランカ

　南インドのタミルナードゥ州の横に位置する島国、スリランカ。インドの影響を受けながらもこの国の食は、はっきりと違う味を作る道を歩みました。島のほぼ中央にあるヌワラエリアという高い山は紅茶畑で有名ですが、山の周りの気流や伏流水などが関係しこの国には湖や沼や池がたくさんあり、その豊かな水が豊かな食材、果物、スパイス、ココナッツなどを人々の食卓に恵みます。

　周囲は海なので海産物もたっぷり。ウンバラカダというかつお節が旨みを提供し、ココナッツからは油やミルクがとれ、フレッシュなハーブ類もたっぷりと使われます。満月の日以外には菜食の縛りがない人が多く、肉や魚も豊富な種類の米や米粉の麺などでさまざまな食べ方で楽しまれます。植民地時代にヨーロッパから伝来したメニューやパンやお菓子もいろいろ。移民コミュニティーのなかでは多民族の食が融合してきたことも特徴です。

Mix or Dress

混ぜる／和える

コラサンボーラ

コラは葉っぱ、サンボーラは和えもの、
スリランカの野菜の和えものです。
日本人にも親しみのあるかつお節の旨みに
ココナッツが加わって南国の味に。

Kaoru Note

アレンジアイデア

三つ葉に代えて、小松菜、クレソン、チンゲンサイなどを使ってもおいしくできる。

材料—4人分

三つ葉	3束
紫玉ねぎ	1/4個
グリーンチリ	1/2本
トマト（かためのもの）	小1/2個
かつお厚削り（砕いて）	大さじ2/3分
塩	小さじ1/2
● ブラックペッパー	3つまみ
レモン汁	小さじ2
ココナッツファイン	1/3カップ

作り方

① 三つ葉の茎はみじん切り程度に細かく、葉は5mm幅に切る。

② 紫玉ねぎはみじん切りにして皿に広げて15分ほどおき、辛みを抜く。[a]

③ グリーンチリは薄切りにする。トマトは3等分のくし形切りにしてから、横半分に切る。

④ 紫玉ねぎとグリーンチリをボウルに入れて手で均一に混ぜてから、残りの材料をすべてあわせてよく混ぜる。

a

なすのボッダ

ボッダはベンガル語で「和える、混ぜる」の意味。
夏の終わりの種ができているようななすが向いています。
カレーのつけあわせにもおすすめです。

材料―4人分

なす・・・・・・・・・・・・・・・・・・・・・	3本
● ターメリック・・・・・・・・・・・・・	小さじ1/2
塩・・・・・・・・・・・・・・・・・・・・・・・	小さじ1/2
マスタードオイル・・・・・・・・・・・	大さじ2と1/2

(A)ペーストにする材料

玉ねぎ(粗みじん切り)・・・・・	1/4カップ
トマト・・・・・・・・・・・・・・・・	1/4個
香菜(ざく切り)・・・・・・・・・・	1/3カップ
にんにく(スライス)・・・・・・・	2枚
しょうが(スライス)・・・・・・・	4枚
レモン汁・・・・・・・・・・・・・・・	小さじ2
● チャートマサラ・・・・・・・・	小さじ1/2
● ローストクミンパウダー・・・	小さじ1/3
塩・・・・・・・・・・・・・・・・・・・・	ふたつまみ
水・・・・・・・・・・・・・・・・・・・・	大さじ2

a

作り方

① なすはヘタを取り2cm角に切り、ターメリックと塩をまぶして5分おく。a

② なすの表面に水分がしみ出てきたら、フライパンにマスタードオイルを熱して、強火でなすがやわらかくなるまで焼く。

③ (A)をミルなどでペースト状にして、なすと和える。

マグロのカチラ

カチラは水牛の生肉を辛いソースで和えるユッケのようなネパール料理。
水牛の代わりにマグロの刺し身を山椒の香りのトマトソースで和えます。

材料——4人分

マグロ赤身の刺し身・・・・・・・・ 1さく(約300g)
(A)ペーストにする材料
　トマト(熟れたもの)・・・・・・ 1個
　玉ねぎ・・・・・・・・・・・・・ 70g
　にんにく・・・・・・・・・・・・ 1/2かけ
　● 赤唐辛子・・・・・・・・・・ 1/2本
　● 花椒(ソース用)・・・・・・ 小さじ2/3
塩・・・・・・・・・・・・・・・・ 小さじ1/2
砂糖・・・・・・・・・・・・・・・ ふたつまみ
しょうゆ・・・・・・・・・・・・・ 小さじ1
● 花椒(煮た後用)・・・・・・・ 小さじ1
(B)タルカの材料
　マスタードオイル・・・・・・・ 大さじ1
　● スターアニス・・・・・・・・ 1個
● クミンパウダー・・・・・・・・ 小さじ1/2
万能ねぎ・・・・・・・・・・・・・ 1本

作り方

①マグロは2cm角に切る。万能ネギは小口切りにする。
②(A)はすべてミキサーなどでペースト状にして、鍋に移して火にかける。
③沸いたら弱火にしてふたをして15分煮詰め、水分が半分くらいに減ったら、砂糖としょうゆを加える。
④花椒(煮た後用)はまな板の上で麺棒や瓶でつぶし(粉山椒を使ってもよい)、③に加え、火からおろして冷ます。
⑤ソースが冷めたらマグロと万能ねぎを和える。
⑥小フライパンに(B)を入れて弱火にかけ、油が温まってたら、できるだけ弱火にして3分くらいかけて精油を抽出する。香りが十分移ったらクミンパウダーを入れてひと混ぜして、熱い油ごと⑤にかける。

フルーツ入りスパイスサラダ

ターメリックとクミンを使えば、ほうれんそうのアクを感じない仕上がりに。
消化吸収もよくなります。カリカリのクミンシードがサラダに新しいおいしさです。

材料―2人分	
サラダほうれんそう	60g
ルッコラ	40g
柿	1/4個 ※1
市販のフライドオニオン	大さじ2
岩塩	適量
● ブラックペッパー	適量
オリーブオイル	小さじ2
にんにく(スライス)	3枚
● クミンシード	小さじ1
● ターメリック	ふたつまみ
レモン汁	小さじ1
パルメジャーノレッジャーノ(ブロック)	適量

作り方

①ほうれんそうとルッコラは洗って長さを三等分に切り、水けをしっかりきる。

②柿は皮をむき、薄くスライスする。パルメジャーノレッジャーノはチーズ用カッターやピーラーで削る。

③大きめのボウルにほうれんそう、岩塩、ブラックペッパー、フライドオニオンを入れて、両手でトスするようにしてふんわり混ぜる

④小フライパンにオリーブオイルとにんにくを入れて弱火にかける。

⑤にんにくがきれいなきつね色になったら、クミンシードを入れて中強火にし、ターメリックを加え、クミンが色づいたら熱い油ごと③にかけて和える。

⑥仕上げにレモン汁、パルメジャーノレッジャーノを加えて和える。

※1 あわせるフルーツは柿、りんご、パパイヤ、洋梨などでも。酸味の少ないものがあう

インド式サラダ

インド料理でのサラダとは、食事の合間に、
口を冷やして整えて、味をリセットするためのもの。
手でつまんでパリパリ食べられるような出し方をします。
濃い味や油っぽい献立のときにはこんなサラダを!

材料—4人分

紫玉ねぎ・・・・・・・・・・・・・・・・	小1/4個
大根・・・・・・・・・・・・・・・・・・・	5㎝
きゅうり ・・・・・・・・・・・・・・・	1本
にんじん ・・・・・・・・・・・・・・・	5㎝
レモン汁 ・・・・・・・・・・・・・・・	小さじ1
岩塩・・・・・・・・・・・・・・・・・・・	適量
● ブラックペッパー ・・・・・・・・	適量
● ローストクミンパウダー ・・・・	小さじ1/2 ※1

作り方

①野菜を冷蔵庫に入れていたら常温に戻し※2、紫玉
 ねぎは繊維と垂直に薄くスライスする。大根ときゅうり
 は1㎝角、にんじんは5㎜角のスティックに切る。
②ボウルに野菜を入れてレモン汁をかけ、岩塩とブラッ
 クペッパーを均一にまぶす。
③ローストクミンパウダーをふる。

※1 非加熱の料理にクミンパウダーを使うときは、ロースト
　　クミンパウダーを使う。作り方は19ページ。
※2 胃薬のクミンや消化剤のブラックペッパーが消化も助
　　ける。薬効を損なわないように、サラダは冷やさずに常
　　温で。

かぶと生ハムのエスニックサラダ

かぶと香菜をレモンの酸みでサラダにするとき、
ナンプラーを足すと旨みが加わり
おいしさが増します。それならばナンプラーにあう豚肉を、
繊細な生ハムでプラス。ごちそうサラダになりました。

材料─4人分	
かぶ	2個
生ハム	80g
香菜（ざく切り）	1/2カップ
レモン汁	40mℓ
塩	小さじ1/4
砂糖	小さじ1
● ブラックペッパー	小さじ1/4
ナンプラー	小さじ1/2

作り方

①かぶは葉を落とし皮をむき、縦半分に切ってから横に薄くスライスし、軽く塩（分量外）をまぶして15分おき、水けを絞る。

②ボウルにレモン汁と塩、砂糖、ブラックペッパー、ナンプラー、香菜をまぜておき、かぶと生ハムにまぶす。

つけあわせ編

スパイス料理は作りたてを食べるもの。インドの台所では作りおきはあまりしません。
でも例外もあります。インドの漬物アチャールや、ご飯にふりかけるポディは、元々インドの保存食。
冷蔵庫がある現代では、保存性が高いレシピは必要ありませんが、
たくさん作って毎日のご飯のおともにぜひ！　ふだんのおかずにも、カレーにもよくあいます。

桜えびのポディ

南インドのふりかけ、ポディを
日本の桜えびで作ります。
ご飯にかけて、
溶かしたギーと混ぜあわせて食べるのがお約束。
インドではさらにカレーもかけて、
複雑に混ざったおいしさを楽しみます。

材料─作りやすい分量

桜えび	・・・・・・・・・・・・・・・・・・	50g
水	・・・・・・・・・・・・・・・・・・・	250㎖
塩	・・・・・・・・・・・・・・・・・・・	大さじ1と1/3
●赤唐辛子	・・・・・・・・・・・・	1本
●ターメリック	・・・・・・・・・・・	小さじ1と1/2

作り方

①赤唐辛子はちぎり、桜えび以外の材料をボウルで混ぜ、桜えびを5分漬ける。

②桜えびをざるにあげてペーパータオルに包んで水気をしっかり絞ってから、大きめの皿に広げて、600wの電子レンジに3分かけ、レンジから出し5分冷ましてから上下を返してもう3分レンジにかける。

③再び冷まして上下を返し、3分を3回、2分を2回、繰り返したら、乾き具合を見ながら1分を数回、そのつどしっかり冷ましてから再度レンジにかけ、焦がさないように気をつけながらカラリと乾燥させる。

④カリカリに乾燥したらミルなどで粗く挽き、ブラックペッパー（分量外）を3つまみ混ぜる。

⑤ご飯にかけて、溶かしたギーをかけて混ぜて食べる。

ピクルス

ビーツの色が美しい、浅漬けタイプのピクルス。
市販のセパレートタイプの
フレンチドレッシングを使って、
簡単においしく作れます。
ほかにも好きな野菜を、いろいろ漬けてみて!

うずら卵・・・・・・・・・・・・・・・・・・18個
(A)炒るスパイス
● カシアシナモン ・・・・・・・・・ 10㎝ほど
● ブラックペッパーホール ・・・ 30粒
● コリアンダーホール・・・・・・・ 大さじ1
● クローブ ・・・・・・・・・・・・・・ 8粒
● ベイリーフ ・・・・・・・・・・・・ 3枚
● 赤唐辛子・・・・・・・・・・・・・・ 2本
香菜・・・・・・・・・・・・・・・・・・・・ 適宜

材料─作りやすい分量

フレンチドレッシング(セパレートタイプ)
・・・・・・・・・・・・・・・・・・・ 2本(100㎖)
酢・・・・・・・・・・・・・・・・・・・・ 70㎖
しょうが(スライス)・・・・・・・・・ 5枚
塩・・・・・・・・・・・・・・・・・・・・ 小さじ1
● レッドペッパー ・・・・・・・・・・ 小さじ1/4
しょうゆ ・・・・・・・・・・・・・・・ 小さじ1
ビーツ(ゆでたもの)・・・・・・・・ 120g
きゅうり ・・・・・・・・・・・・・・・ 3本
にんじん ・・・・・・・・・・・・・・・ 70g
玉ねぎ ・・・・・・・・・・・・・・・・ 100g

作り方

①きゅうりは1㎝太さのスティック、にんじんはきゅうりの半
分の太さのスティック、玉ねぎは大きめの角切り、ビーツ
は7㎜幅の半月切りにする。うずら卵はゆでて皮をむく。
②ボウルにドレッシングと酢を混ぜあわせる。
③(A)をフライパンで乾煎りし、熱が入って香りが出たもの
から②に入れる。焦げやすいベイリーフと赤唐辛子は焦
げる前に早めに出す。
④保存容器にスパイスを入れたピクルス液と野菜と卵を
入れて漬ける。半日後から食べられ、3日くらいで食べ
きる。食べるときに刻んだ香菜を混ぜると、より香りがよ
くなる。

ネパール風アチャール

ゴマをたっぷり使った山椒風味のゴーヤーの漬けもの。
たっぷりのゴマとスパイスがザクザク入って、
真っ黒で苦くて香ばしくて辛くてすっぱい、
クセになるになる大人の味。
ゴーヤーの種まで使うのがポイントです。

| 材料―作りやすい分量 |

ゴーヤー ‥‥‥‥‥‥‥‥‥ 大1本
(A)調合するスパイスなど
　黒ごま ‥‥‥‥‥‥‥‥‥ 大さじ3
　白ごま ‥‥‥‥‥‥‥‥‥ 大さじ1
　● 赤唐辛子 ‥‥‥‥‥‥‥ 1本
　● ブラックペッパーホール ‥ 小さじ1
　● コリアンダーホール ‥‥‥ 大さじ1
　● クミンシード ‥‥‥‥‥ 小さじ2
　● 花椒 ‥‥‥‥‥‥‥‥‥ 小さじ2
マスタードオイル ‥‥‥‥‥ 大さじ1
塩 ‥‥‥‥‥‥‥‥‥‥‥ 小さじ2/3

炒り黒ごま(仕上げ用) ‥‥‥‥ 大さじ1
レモン汁 ‥‥‥‥‥‥‥‥‥ 小さじ2
しょうゆ ‥‥‥‥‥‥‥‥‥ 小さじ1
白だし ‥‥‥‥‥‥‥‥‥‥ 小さじ1/2
砂糖 ‥‥‥‥‥‥‥‥‥‥‥ ひとつまみ
山椒粉 ‥‥‥‥‥‥‥‥‥‥ 小さじ1/2～2/3(好みで)

| 作り方 |

①ゴーヤーは縦半分に切り種を取り、7～8mmに切る。取り
　出した種はワタを取り除く。赤唐辛子は半分にちぎる。
②身と種を180℃の揚げ油(分量外)で素揚げして、油を
　きる(稀に種が跳ねることがあるので注意)。
③(A)をフライパンに入れ、カリッとするまで乾煎りしてから、
　ミルで半分粒が残る状態に挽く。仕上げ用の黒ごまは、
　別に炒っておく。
④フライパンにマスタードオイルを中強火で熱し、挽いた
　(A)を入れてからませたら、すぐにゴーヤーと種を入れて
　よく混ぜて、塩、レモン汁、しょうゆ、山椒粉を加える。
⑤火を止めて仕上げ用黒ごまを混ぜあわせる。
◎じゃがいもで作るときは400gのじゃがいもを1cm角に切
　って素揚げし、あとは同じに作る。

Stew

煮る

ジャンガラマス

北インドでマハーラージャが
狩りをするときにこれを火にかけておき、
狩りのあと食事をした伝統野外料理。
ヤギの骨つきマトンで作るのが最上。
今回は骨つきの鶏で作ります。
ナーンやチャパーティーにしみ込ませて、
脂も味わって！

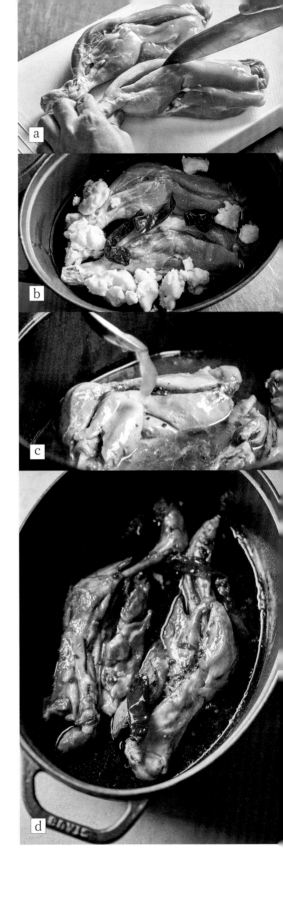

材料—鶏もも肉2本分

鶏もも肉（骨つき）・・・・・・・・・ 2本
● カシミーリーチリホール・・・・・ 3本 ※1
ギー・・・・・・・・・・・・・・・・・・・ 120g
岩塩・・・・・・・・・・・・・・・・・・・ 小さじ1 ※2
水・・・・・・・・・・・・・・・・・・・ 200mℓ

作り方

①鶏肉は皮をできるだけ取り除き、縦に長く1本切り込みを入れ[a]、岩塩をまぶす。
②カシミーリーチリは実にスリットを入れて種を出す。
③厚手の鍋※3に肉を入れ、カシミーリーチリ、ギー、水を入れて[b]、ふたをして中火にかける。
④鍋の中に蒸気がこもったら、ごく弱火にする。
⑤ときどきふたを開けて様子を見て、鶏肉にスープを回しかける。[c]
⑤約3時間、水分がなくなり油分だけ残った状態になるまでじっくり煮る。[d]

※1 カシミーリーチリは、マイルドな辛さで香りが豊かな赤唐辛子。スパイス店で入手するか、なければ韓国唐辛子2本で代用する。
※2 とてもシンプルな料理なので、良質のギーと岩塩を使いたい。
※3 密閉性の高い重い鋳物などの鍋が向く。

オイルサーディン
スパイス味

味はよくてもどうしても臭みが気になりがちなイワシ。
そんなときこそスパイスの出番です。
コツは缶詰のオイルをしっかり抜いておくこと。
あとはスパイスにお任せです。
クローブがとてもあいます。

材料―作りやすい分量

オイルサーディン ・・・・・・・・・・・	1缶(固形量75g)
オリーブオイル ・・・・・・・・・・・	大さじ3
● ターメリック ・・・・・・・・・・・	小さじ1/2
● クローブ ・・・・・・・・・・・	6粒
● ベイリーフ ・・・・・・・・・・・	2枚
● 赤唐辛子・・・・・・・・・・・	2本
ローズマリー ・・・・・・・・・・・	10cm程度2本

作り方

①オイルサーディンは、ざるにあげ油をしっかりきる。

②小フライパンにサーディンを並べて、材料をすべて入れて弱火にかけ、15分加熱する。ときどきスプーンでオイルを回しかける。

③オイルごと器に盛り、ハード系のパンを添える。

ビーツと骨つきチキンのスープ

ビーツは、インドの伝統医学であるアーユルヴェーダでは、
食べる輸血といわれるほど鉄分の多い、養生食となる野菜。
旨みいっぱいの骨つきチキンと、ビーツの味が甘く濃く、
おいしく食べて滋養となるスープです。

材料—4人分

ビーツ水煮 ・・・・・・・・・・・・・250g ※1 [a]
鶏もも肉（骨つきのぶつ切り）・・600g
玉ねぎ ・・・・・・・・・・・・・・・小1個
じゃがいも（メークイン）・・・・・・4個 ※2
トマト ・・・・・・・・・・・・・・・1個
にんにく、しょうが ・・・・・・・・・各1かけ
● ターメリック ・・・・・・・・・・小さじ1/3
● コリアンダーパウダー ・・・・・・小さじ1
塩 ・・・・・・・・・・・・・・・・・小さじ1
鶏がらスープ、またはチキンブイヨンスープ
・・・・・・・・・・・・・・・・・・350mℓ
(A)タルカの材料
　植物油・・・・・・・・・・・・・・大さじ1
　● クミンシード・・・・・・・・・・小さじ1/2
● ブラックペッパー ・・・・・・・・・小さじ1/4

作り方

①ビーツはシリシリ状※3におろす。[b]
②玉ねぎは縦半分に切ってから繊維と垂直に薄切りに
　する。じゃがいもは皮をむく。トマトは小さめのざく切
　りに、にんにく、しょうがはみじん切りにする。
③圧力鍋にビーツから鶏ガラスープまでの材料を入れ
　て火にかけ、圧がかかってから12分加熱する。
④小鍋や小フライパンに植物油を熱し、クミンシードを
　数粒入れる。クミンからシューッと泡が出てきたら残
　りのクミンをすべて入れて、はじけて香りが出て色が
　ついてきたら、熱い油ごと圧力鍋のスープに注ぎタ
　ルカする。[c]
⑤ブラックペッパーを加える。

※1　スーパーなどで買えるゆでたビーツの真空パックを使
　　用。または缶詰でも。
※2　メークインを丸ごと使えば煮くずれしない。
※3　丸い穴のスライサーで短く細長くおろした形状で、沖縄
　　の炒めものによく使われる切り方。野菜の繊維が斜め
　　にすり切れるので味がよくしみ込む。シリシリ器などの
　　名前で市販されている。

クラッシュポテト

ヒマーラヤの西側の山岳地帯のティチョニ（クラッシュ）という作り方。
じゃがいもを生の状態で叩いてつぶして、スパイスやトマトの味をしみ込ませます。
くずれたじゃがいものでんぷんがとろみになって、おいしさがからみます。

材料―2人分

じゃがいも	・・・・・・・・・・・・・・・	中2個
トマト	・・・・・・・・・・・・・・・	1/2個
マスタードオイル	・・・・・・・・・・・	大さじ2
● クミンシード	・・・・・・・・・・・	小さじ2/3

(A)味ペーストの材料

● クミンシード	・・・・・・・・・	小さじ1/3
● ブラックペッパーホール	・・	2粒
● クローブ	・・・・・・・・・・・	1粒
● カルダモン	・・・・・・・・・	1個（中身のみ）
にんにく（スライス）	・・・・・・・	2枚

(B)調合するスパイスなど

● コリアンダー	・・・・・・・・・	小さじ2/3
● ターメリック	・・・・・・・・・	小さじ1/4
● レッドペッパー	・・・・・・・・	小さじ1/4
塩	・・・・・・・・・・・・・・・・・	小さじ1/3
仕上げ用の水	・・・・・・・・・・・	50㎖
● ガラムマサラ	・・・・・・・・・・・	小さじ1/2
香菜（ざく切り）	・・・・・・・・・・	適量

作り方

① じゃがいもは皮をむき、空き瓶など重いもので叩いて粗くつぶす。a

② ①で出たじゃがいもの細かいかけらや水分と(A)をあわせて、ミルなどでペースト状にする。b ※1

③ トマトは1㎝のざく切りにする。(B)は混ぜあわせる。

④ フライパンにマスタードオイルを中火で熱し、クミンシードを数粒入れる。クミンからシューッと泡が出てきたら残りのクミンをすべて入れて、はじけて香りが出て色がついてきたら、じゃがいもを炒める。

⑤ じゃがいもに油がまわったら②のペーストを入れて混ぜ、続いて(B)を入れたら、焦げないように弱火にして30秒ほど炒める。

⑥ トマトを加えて中火にして2分おき、水分が少なくなってきたら c、水（分量外）を大さじ1ずつ3〜4回足しながら、じゃがいもに8割がた火をとおす。

⑦ 仕上げ用の水を足し、じゃがいもに完全に火がとおるまで煮る。

⑧ ガラムマサラと香菜を混ぜる。

※1 水分が少なすぎたら、ミルが回る程度の水（分量外）を足してもよい。

豚汁サンバル

サンバルは、野菜と豆で作る南インドではよく食べられる料理。
本来カレーとして食べる料理ですが、
具に入れるゆでたトゥール豆を味噌に変えて、豚肉を使って豚汁仕立てに。
だしの味がよくあってピリッと辛い汁物になりました。

材料—4人分

豚こま切れ肉 ・・・・・・・・・・・	80g
にんじん ・・・・・・・・・・・・・	60g
玉ねぎ・・・・・・・・・・・・・・・	70g
さといも・・・・・・・・・・・・・・	140g
かぶ・・・・・・・・・・・・・・・・・	1/2個
しめじ（ほぐしたもの）・・・・・・・	1/2カップ
だし汁・・・・・・・・・・・・・・・	700㎖
植物油・・・・・・・・・・・・・・・	小さじ1
● サンバルパウダー・・・・・・・・	小さじ1と1/3 ※1
砂糖・・・・・・・・・・・・・・・・	ひとつまみ
西京味噌・・・・・・・・・・・・・・	大さじ1と1/3 ※2
塩・・・・・・・・・・・・・・・・・	小さじ1/5
万能ねぎ（小口切り）・・・・・・・	適量

a

作り方

①豚肉は食べやすいサイズの細切りにする。にんじん
　は半月切り、玉ねぎは5㎜幅の薄切り、さといもは小
　さめのひとくち大に切る。かぶは緑色の茎を少し残し
　て4等分のくし形切りにする。
②鍋にだし汁を沸かし①の野菜を入れる。
③ひと煮立ちしたら、植物油と豚肉を入れ、すぐにサン
　バルパウダーと砂糖を加えてひと混ぜし、材料に火
　をとおす。
④しめじを入れて1分ほど煮たら、味噌を溶き入れ、塩
　を加える。
⑤器に盛って万能ねぎを散らす。

※1　サンバルパウダーはサンバルに使うミックススパイス。
※2　味噌の種類によって味のととのう分量が違うので、味
　　　噌と塩の量は最後に味をみながら調整する。

Kaoru Note

アレンジアイデア

具はほかに、じゃがいも、なすがあう。味噌は西京
味噌がベストマッチ。もっと辛い味が好みなら、③
の行程でサンバルパウダーを増やすと辛みが増す。
最後に入れると苦味が残るので後入れはNG。

カリフラワーのドライサブジ

カリフラワーはインドではよく食卓にのぼる野菜です。
インドでよく食べられるお母さんの作るシンプルなスタイルと、ごちそうスタイルを並べてみました。
どちらもご飯によくあいます。

〈シンプルスタイル〉

材料——4人分

カリフラワー · · · · · · · 小さめ1個
しょうが · · · · · · · · · · · · · 1かけ
植物油 · · · · · · · · · · · · · · 大さじ3
● クミンシード · · · · · · · · · · 小さじ1/2
● ヒーング · · · · · · · · · · · 耳かき1杯
(A)調合するスパイスなど
　● コリアンダーパウダー · · · · 小さじ2
　● ターメリック · · · · · · · · · 小さじ1
　● レッドパッパー · · · · · · · · 小さじ1/3
　　塩 · · · · · · · · · · · · · · · 小さじ1強
　● ガラムマサラ · · · · · · · · · · 小さじ1/2

作り方

①カリフラワーは葉を落とし小房に分け、大きなものは茎側から包丁を入れて食べやすい大きさに割る。しょうがは千切りにする。(A)は混ぜあわせる。
②鍋に植物油を中火で熱し、クミンシードを数粒入れ、クミンからシューッと泡が出てきたら残りのクミンを入れて、はじけて香りが出て色がついてきたらヒーングとカリフラワーを入れて1分炒める。
③均一に油がまわったら、(A)をふり入れてよく混ぜ、ふたをしてごく弱火にする。
④3〜4分したらしょうがを混ぜ、再びふたをして、じっくり時間をかけて火をとおす。
⑤カリフラワーがやわらかくなったら火を止め、ガラムマサラを加えて混ぜる。

〈ごちそうスタイル（プールゴービーローガンジョッシュ）〉

材料—4人分	
カリフラワー‥‥‥‥‥	小さめ1個
にんにく、しょうが‥‥‥‥‥	各1/2かけ
植物油‥‥‥‥‥‥‥‥‥	大さじ1と1/2
● クローブ‥‥‥‥‥‥‥	3粒
● カルダモン‥‥‥‥‥‥	2個
● ベイリーフ‥‥‥‥‥‥	2枚
(A)調合するスパイス	
● フェンネルパウダー‥‥‥	小さじ2/3
●コリアンダーパウダー‥‥	小さじ2/3
● ガラムマサラ‥‥‥‥‥	小さじ1/2
● ヒーング‥‥‥‥‥	少々
(B)ソースの材料	
ヨーグルト‥‥‥‥‥‥	大さじ1と1/2
● レッドペッパー‥‥‥‥	小さじ1/3
塩‥‥‥‥‥‥‥‥	小さじ1弱
香菜（ざく切り）‥‥‥‥‥‥	1/2カップ

作り方

①カリフラワーは葉を落とし大きめに切り分け、180℃の揚げ油（分量外）で素揚げする。

②にんにく、しょうがはすりおろし、カルダモンはさやを割り、ほぐした中身だけを使う。

③(A)と(B)は、それぞれ混ぜあわせる。※1

④深めの鍋に植物油とクローブ、カルダモンを入れて弱火にかけ、泡が出てきたらさらに弱火にして2分ほど精油を抽出。ベイリーフを加えもう30秒抽出する。

⑤にんにく、しょうがを入れてよく混ぜ、火がとおったよい香りがしてきたら(A)を加え、続いて(B)を加えて混ぜあわせる。

⑥じわじわと沸いたら水大さじ3（分量外）を加え、強火にして再び沸いたらカリフラワーを入れて、すぐにソースをまぶしつけるようにからめながら吸わせる。

⑦汁気がなくなったら香菜をまぶす。

※1 どんどん手順が進んでいくので、下ごしらえを済ませ、入れる順に並べてからスタートする。

かぼちゃ入りチキンキーマ

鶏むね肉のひき肉はさっぱりしていて、噛むと弾力があります。
ホクホクとやわらかいかぼちゃとあわせて食感を楽しめるキーマに。
辛みと甘みのあるセミドライ仕立てです。
ご飯と食べても、パンにはさんで食べてもおいしい。

材料　2人分

鶏むねひき肉 ・・・・・・・・・・・・・	200g
かぼちゃ ・・・・・・・・・・・・・・・	250g
玉ねぎ ・・・・・・・・・・・・・・・・	120g
トマト ・・・・・・・・・・・・・・・・	小1個
にんにく・・・・・・・・・・・・・・・・	1かけ
植物油・・・・・・・・・・・・・・・・・	大さじ2
● クミンシード・・・・・・・・・・・・	小さじ2/3
● フェンネルシード・・・・・・・・・	小さじ2/3
● ターメリック ・・・・・・・・・・・	小さじ2/3
● ガラムマサラ ・・・・・・・・・・・	小さじ2
塩・・・・・・・・・・・・・・・・・・・	小さじ2/3
水・・・・・・・・・・・・・・・・・・・	100㎖
● ブラックペッパー ・・・・・・・・	小さじ1/4

作り方

①かぼちゃは種を取り2㎝幅に切ってから、まな板に皮
　を横向きに置いて削ぐようにして皮をむく。[a]

②玉ねぎ、にんにくはみじん切り、トマトは大きめのざく
　切りにする。

③鍋に植物油を中火で熱し、クミンシードを数粒入れ、
　クミンからシューッと泡が出てきたら残りのクミンとフ
　ェンネルシードを入れる。

④クミンとフェンネルの香りが出て色がついてきたら、
　玉ねぎとにんにくを入れて、しっかり色がつくまで炒
　める。[b]

⑤ひき肉を入れてほぐしながら炒め、かぼちゃを入れ
　て肉とあわせて炒めたら、ターメリック、ガラムマサラ、
　塩を加えて混ぜる。

⑥水を入れ、沸いたらふたをして弱火にし、かぼちゃが
　やわらかくなるまで火をとおす※1。

⑦ふたを取りトマトを加え、強火で水分を飛ばしながら
　サッと炒めて、ブラックペッパーをふる。

※1 焦げないように気をつけながら、かぼちゃに火がとおっ
　　たころにちょうど水分がなくなるのがよい。

ベーコン入りダール

ダールはインドの代表的な豆カレーで、いわば味噌汁のような存在。
日本のおかずのダールにはベーコンブロックを入れて、
ボリュームを出し、食べごたえのあるメニューに。
ふだんのルゥを使ったカレーと2種盛りにすると豪華！

材料—4人分

マスール豆	1カップ	※1
ベーコンブロック	200g	
玉ねぎ	小1個	
にんにく	1/3かけ	
● ターメリック	小さじ1/2	
植物油	小さじ1/2	
水	650㎖	

(A)タルカの材料

ギー	大さじ1と1/2
● クミンシード	小さじ2/3
トマト(6等分のくし形切り)	小1個分

(B)仕上げのスパイスなど

● レッドペッパー	ふたつまみ
● チャートマサラ	小さじ1/2 ※2
● ブラックペッパー	小さじ1/4
塩	小さじ1

作り方

①マスール豆はサッと洗って、かぶる量の水(分量外)に3分浸けてから、ざるにあげ30分おく。a

②ベーコン、玉ねぎは2cm角に切る。にんにくは薄くスライスする。(B)は混ぜあわせる。

③鍋にマスール豆と水を入れ、豆をほぐしてからベーコン、玉ねぎ、にんにく、ターメリック、植物油を加えて火にかけ、沸いたら弱火で15〜20分、豆がやわらかくなるまで煮る。

④タルカをする。小フライパンなどにギーを熱し、クミンシードを数粒入れる。クミンからシューッと泡が出てきたら残りのクミンをすべて入れて、はじけて香りが出て色がついてきたらトマトを入れ、トマトが温まったら煮くずれる前に熱い油ごと③の鍋に入れる。b

⑤(B)を加えてひと混ぜし、火を止める。

※1 日本ではレンズ豆の名で知られる。皮つきのものもあるが、写真aのようなオレンジ色の皮むきタイプを使う。
※2 チャートマサラはレモン汁小さじ1で代用できる。

おすすめ献立編

何種ものおかずやカレーが盛られた南インドの「ミールス」、北インドの「ターリー」が人気です。
スパイスレシピのレパートリーが増えれば、家でもミールスやターリーが楽しめます。
野菜とお肉のバランスを考えて、ランチにディナーに、インド風や和風と組みあわせをアレンジして。
人を招いたときのおもてなしにもぴったりの献立の提案です。

インドプレート

スパイスをたっぷり楽しめる、ごちそうワンプレート。豆や野
菜、肉のおかずを組みあわせ、箸休めの野菜を添えて。オク
ラのテルダーラ、カリフラワーのサブジ、ベーコン入りダー
ル、レバーと砂肝のスパイス炒めとインド式サラダ。ご飯
には桜えびのポディとギーをかけました。プレーンヨーグル
トに塩少々を混ぜ、ローストクミンパウダーをふったものを
添えて、混ぜながら食べるとグッと本格的に。

カフェプレート

スペアリブをメインに、野菜、卵料理をバランスよく。パンを添えてランチにもぴったりなカフェ風のプレートに仕上げました。クラッシュポテト、コラサンボーラ、ビーツオムレツ。パンにはスパイス味のオイルサーディンをのせて。

和食プレート

スパイスレシピでも、こんな和風の食事が楽しめます。さっと作れてスパイスの力が、朝食に食べれば1日の活力に、夕食ならば疲れを癒してくれます。アレッタ炒め物と豚汁サンバルにピクルスを添えて。

インドのスパイス、食卓の知恵

　スパイスは漢方薬と同じもの。それが調味料となり、組みあわせるとおいしいカレー料理になっていきます。お母さんたちは家族の健康のために「今日は暑いな」とか「急に雨が降って気温が下がったな」とか、そんなことを考えながらスパイスをさじかげん。できあがった料理は、まさに体調を整えるためにぴったりです。ですから食べたあとに健康になるのが正しいインドの家庭料理なのです。

　でも生活のなかの彩りとして、たまにはごちそう料理も食べたいもの。そこにはまた奥深いスパイスの世界があります。そしてごちそうを食べすぎてしまったり、食べたあとお腹が張ったりしたらどうするか？　そこでまたスパイスの出番です。消化を助けるもの、ガスを抜くものなどの知恵がいっぱいです。そんなアーユルヴェーダの「小ワザ」を紹介します。

食前にしょうがのスライスをひときれ

　薄いスライスで構いません、レモン汁と岩塩を少しかけてください。食事の20分くらい前にどうぞ。消化の力を上げます。

食べすぎたらアジョワン

　この本では使っていませんがアジョワンという小さな粒のスパイスがあります。これを小さじ半分、手のひらにとり、反対側の手の親指の下側（手のひらの脇）でこすると表面がクラッシュします。すると吸収がよくなるので、その状態のものをお水で飲んでください。インドには昔からこのスパイスやそのほかの胃や腸にスパイスを調合して作られた錠剤があり、常備している家庭が多いです。ガスが多くて困るときにもどうぞ。

すばらしいカルダモン

　さやを縦方向に裂くと中から黒い種が出てきます。それをそのまま噛んで食べられます。気持ちを落ち着けてリラックスさせる効果があるのでそれを楽しみながら食べると、脂肪も燃焼しますし、脳内血流もあげます。カフェインの摂りすぎ傾向にあるかたはパウダーを購入して、いつもちょっとコーヒーや紅茶にふりかけることをおすすめします。口臭にも効果がありますので常備してほしいスパイスのひとつです。

喉を整えるカシアシナモン

　中国原産のカシアは漢方薬で大活躍している薬です。かじってみると甘さと辛さが同居していることがわかると思います。そのとき喉が潤うような感覚があるはずで、のど飴に使われていることも納得です。ポキポキ折ってしょうがスライスと一緒に煮出すだけで薄茶色のスパイスティーができます。けれど体を温める作用が強いので熱がこもる体質の人にはおすすめできません。

食後にはフェンネル

　フェンネルシードはフライパンでカリッとするまで乾炒りして砂糖と一緒に小さじ半分ほどを噛んで食べます。口の中がさっぱりして消化が促進されます。インドでは小さな氷砂糖と混ぜますが、日本では手に入らないので小さく割った氷砂糖を作っておくとよいでしょう。私の料理教室では白ザラメ砂糖を使っていますがそれが次点でしょうか。インド料理店のレジの横にもありますが、現地好みに香料が添加されているので苦手な人も多いかと思います。シードを炒って手作りしてくださいね。パソコンやスマホによる目の疲れにも向いています。

薬効の種類が多いのはターメリック

　カレーに黄色い色をつけるだけと思ってはいけません。わが家の台所では料理以外に薬として、殺菌や止血などとけがに活躍することもあります。外から帰ったらぬるま湯に混ぜてほんの少し塩も足してうがいをするのもよい習慣です。牛乳を沸かしたときにできる膜で練ると軟膏になりますし、アロエのぬるっとした汁と混ぜると傷跡が早くきれいになります。内服は量を摂りすぎないように気をつけてください。通常の料理に毎日レシピの量を使うのは大丈夫ですが、肝臓によいからとお酒の前にいつもこの粉を飲むなどの摂取の仕方はいけません。

※妊娠中の人や体質により向かないスパイスもあります。体のためのスパイス使いについてもっと知りたい方は『アーユルヴェーダ・カフェ』（上馬場和夫・香取薫著）をご覧ください

Grill or Roast or Fry

焼く／揚げる

スペアリブのカリカリスパイス焼き

ガリッと噛みしめるホールスパイスを肉の表面にたっぷりしっかり貼りつけて、
肉と一緒にスパイスを噛むと、ひと口ごとに香りが立ち上がります。
がっつり肉を食べても、スパイスが消化剤としての役割も果たします。
羊肉好きの人は、ぜひラムチョップでもお試しください。

材料—作りやすい分量

豚スペアリブ(10cm程度のもの)・・・6本
(A)漬け込み用材料
- ● ガラムマサラ ・・・・・・・・・・・・・ 小さじ1
- ● ターメリック ・・・・・・・・・・・・・ 小さじ1/2
- にんにく、しょうが(すりおろし)・・ 各1かけ分
- 塩・・・・・・・・・・・・・・・・・・・・・・ 小さじ1/2
- しょうゆ ・・・・・・・・・・・・・・・・ 小さじ1
- ギー ・・・・・・・・・・・・・・・・・・ 大さじ1
(B)まぶすスパイス
- ● フェンネルシード ・・・・・・・・・・ 小さじ1
- ● クミンシード・・・・・・・・・・・・・ 小さじ1
- ● コリアンダーシード ・・・・・・・・ 小さじ1
- ● ブラックペッパーホール ・・・・・ 小さじ1/2

作り方

① (A)の材料をすべて混ぜあわせスペアリブにすり込む
ようにして塗り[a]、冷蔵庫に入れて半日から一晩マリ
ネする。

② (B)はまな板の上で麺棒や瓶などを使って粗くつぶす。
すり鉢でもできるし、ミルなどの機械でもできるが電
動の道具を使うときは細かくなりすぎないように注意
して少しずつ止めながら挽く。※1

③ マリネしたスペアリブは平皿に並べてラップをかけ、
電子レンジ600Wで3〜4分加熱する。※2

④ スペアリブにつぶしたスパイスをまぶす。[b]

⑤ オーブントースター(1000Wなら8分ほど)で、肉に
火がとおり表面がやや焦げて、表面の粗挽きスパイ
スが肉からしみ出た油でカリッとするまで焼く。

※1 かなり粗挽きな状態がよい。
※2 肉が生焼けにならないように、8割がた火をとおすため
なので、スペアリブの厚みやサイズにより時間は加減
する。

ミニ・カランディ式オムレツ

花火職人が多く住む南インドのタミルナードゥ州ディンディガルの名物は
おたまに卵を注いで火にかけて焼く、花火玉に似た10㎝ほどの丸いオムレツ。
これを作りやすいように、たこ焼き器を使ってミニサイズにしました。
ひと口かじると、ピリッと辛く味つけした鶏肉が中から出てきます。

材料—16個分

鶏もも肉 ・・・・・・・・・・・・・・ 150g
(A)肉の下味の材料
　しょうゆ ・・・・・・・・・・・ 小さじ1
　酒 ・・・・・・・・・・・・・・・ 小さじ1
　塩 ・・・・・・・・・・・・・・・ 小さじ1/3
　砂糖 ・・・・・・・・・・・・・ ふたつまみ
　● サンバルパウダー ・・・・・・ 小さじ1と2/3
トマト(1㎝の角切り) ・・・・・・・ 16切れ
カレーリーフ ・・・・・・・・・・ 16枚
植物油・・・・・・・・・・・・・ 大さじ1
(B)卵液の材料
　卵・・・・・・・・・・・・・・・ 6個
　小麦粉・・・・・・・・・・・・・ 20g
　だし汁 ・・・・・・・・・・・・・ 100㎖
　塩・・・・・・・・・・・・・・・ 小さじ1/4
　グリーンチリ ・・・・・・・・・・ 1本
　● サンバルパウダー ・・・・・・ 小さじ1/2

作り方

①鶏肉は皮を外して16切れに切り、(A)をボウルにあわ
　せ、肉を入れてもみ込む。
②(B)のグリーンチリは種を取りみじん切りにし、すべて
　の材料をボウルに入れ、泡立て器でよく混ぜ卵液を
　作る。計量カップなど注ぎやすい器に入れる。
③たこ焼き器を熱し植物油を均一に穴に入れて、下味
　をつけた肉を1穴1切れずつ入れて中火で焼く。
④肉を返して火がとおったら、1穴ずつにトマト1切れと
　カレーリーフ1枚を入れ、卵液を穴の縁のすぐ下まで
　均一に流し入れる。[a]
⑤縁が焼けてきたら、たこ焼きの要領で竹串などを使
　ってひっくり返し、卵液を足しながら大きく丸く焼いて
　いく。[b]※1
⑥はみ出した生地を中に押しこみくるくる返して丸め
　(つながった生地はキッチンばさみで切るとよい)、
　卵液をすべて注いだら※2、焼き上がったものから器
　に取り出す。※3

※1 返す人と卵液を注ぐ人、ふたりで作業すると慌てず焼
　けるし楽しい。ひとりのときは半分づつ2回に分けて焼
　くとよい。
※2 焦げそうになったら、いったん火を止めて、上下を返し
　てから再び火をつけると失敗しない。
※3 味がついているのでそのまま食べられるが、明石焼き
　のように薄い塩味のだし汁で食べてもよい。刻んだ三
　つ葉を添えても。

ビーフシュニッツェル南インド味

ビーフシュニッツェル南インド味

南インドのケーララ州にはクリスチャンが多く、
宗教的な規制がないためビーフもよく食べられます。
薄く叩いた肉をカツレツにするオーストリアのシュニッツェルを、
スパイスをたっぷり使って、
バターの代わりにココナッツオイルを使い南インドの味に。

牛モモ肉など赤身(ステーキ肉など)
・・・・・・・・・・・・・・・・・・・・・・・・・・・ 160g
(A)マリネ液材料
　玉ねぎ・・・・・・・・・・・・・・・・ 80g
　にんにく・・・・・・・・・・・・・・ 1/2かけ
　しょうが・・・・・・・・・・・・・・ 1かけ
　グリーンチリ・・・・・・・・・・・ 1〜2本
　カレーリーフ・・・・・・・・・・・ 25枚
　ココナッツファイン・・・・・・・ 大さじ3
　塩・・・・・・・・・・・・・・・・・・・・・ 小さじ1
　水・・・・・・・・・・・・・・・・・・・・・ 大さじ2
　● コリアンダーパウダー・・・・・ 小さじ2
　● ブラックペッパー・・・・・・・・ 小さじ2/3
　● ターメリック・・・・・・・・・・・ 小さじ1/2
　● フェンネルパウダーまたはシード
　・・・・・・・・・・・・・・・・・・・・・・・ 小さじ1/2
　● レッドペッパー・・・・・・・・・・ 小さじ1/3
　● カルダモンパウダー・・・・・ 小さじ1/4
　● クローブパウダー・・・・・・・・ 小さじ1/4
(B)バッター液材料
　卵・・・・・・・・・・・・・・・・・・・・ 1個
　小麦粉・・・・・・・・・・・・・・・・ 大さじ4
　水・・・・・・・・・・・・・・・・・・・・・ 1/4カップ
クラッカー・・・・・・・・・・・・・・・ 20〜25枚
植物油・・・・・・・・・・・・・・・・・・ 100㎖
ココナッツオイル・・・・・・・・・ 大さじ2
レモン(くし形切り)・・・・・・・・・ 2個

作り方

① 牛肉は2枚に切りわけ、1枚ずつラップ2枚で裏表を
はさみ※1、麺棒や瓶など叩いて厚み半分ほどの大
きな一切れにする。肉に筋があったらキッチンばさみ
で切る。[a]

② (A)はすべてあわせて、ミルなどでペーストにする。

③ 肉をはさんだラップをはがし、②を肉にまぶしてから
[b]、再びラップを戻し肉をピッタリと覆って冷凍庫に1
時間おく。※2

④ クラッカーはミキサーにかけて、ごく細かい粉にして
衣を作る。[c]

⑤ (B)をよく混ぜあわせ、冷凍庫から取り出した肉のラッ
プをはがし、表面に薄く指でのばす。[d]

⑥ クラッカーの衣をまぶして[e]、またラップではさみ上
から押さえて落ち着かせる。裏面も同様にして衣を
しっかりつけたら、ラップをはがしてワックスペーパー
にのせる。※3

⑦ フライパンに植物油(オリーブオイル不可)とココナッ
ツオイルを混ぜて火にかけ、油が温まり香りが出たら
肉をフライパンにそっと移す。[f]

⑧ 中強火で衣をかためてから火を弱め、片面がカリッ
と焼けたら肉を返し、両面をカリッと焼く。

⑨ 網にあげて油をよく切る。器にのせてレモンを添える。

※1 ラップを使うことでかんたんに肉をひっくり返しながらマ
リネ材料をまぶしたり、包んでそのまま寝かせたりする
ことができる。

※2 冷凍庫に1時間入れることでバッター液がつきやすくな
り、くずれずきれいに焼ける。

※3 フライパンに移し入れるときはラップでは溶けてしまう
のでワックスペーパーを使う。

フィッシュパコーラー

マサラポテト

フィッシュパコーラー

パコーラーはインド式の天ぷらのこと。
辛くて香りのよいサンバルパウダーが、魚の臭みをとりつつ
風味豊かに仕上げてくれます。和風だしとの相性もよいので、
隠し味に白だしを使いました。

材料—2人分

カジキマグロ	‥‥‥‥‥‥‥‥	2切れ
にんにく、しょうが	‥‥‥‥‥	各1/2かけ
● サンバルパウダー	‥‥‥‥‥	小さじ1
塩	‥‥‥‥‥‥‥‥‥‥‥‥	小さじ1/2
白だし	‥‥‥‥‥‥‥‥‥	小さじ1

(A)衣の材料

ベーサン	‥‥‥‥‥‥‥	80g ※1
ベーキングパウダー	‥‥‥‥	小さじ2/3 ※2
しょうが(みじん切り)	‥‥‥	1かけ分
● フェンネルシード	‥‥‥‥	小さじ2/3
塩	‥‥‥‥‥‥‥‥‥‥‥	小さじ1/4
香菜(ざく切り)	‥‥‥‥‥	1/4カップ ※3
水	‥‥‥‥‥‥‥‥‥‥‥	60㎖
揚げ油	‥‥‥‥‥‥‥‥‥	適量

作り方

①カジキマグロは2㎝幅のスティック状に切る。にんにく、しょうがはすりおろす。

②ボウルににんにく、しょうが、サンバルパウダー、塩、白だしを混ぜあわせ、魚にまぶして15分ほどおき下味をつける。[a]

③衣の材料を水で練る。5本の指を使ってボウルの内側をなでこするようにぐるぐると、1分ほど練る。[b]

④魚に衣をつけ、180℃弱の揚げ油で揚げる。揚げあがりの目安は表面を菜箸でたたいてみて、湿った感触から、カラリとかたい感触になったころ。[c]

※1 ベーサンはひよこ豆の粉。小麦粉と違い味が濃いしっとりした衣になり、スパイスともよくあう。

※2 ベーキングパウダーを使っているので、ふんわりタイプの衣になる。

※3 衣に混ぜる香菜は、刻んだカレーリーフにしてもよい。

マサラポテト

思いっきり北インドな、デリーの街角の味。
香ばしいクミンとバターがよくあいます。
ちょっとジャンクな屋台っぽい風味がクセになるおいしさで、
食べ出したら止まらない！ ビールとの相性も最高です。

材料—4人分

じゃがいも ・・・・・・・・・・・・・・・・ 3個
バター ・・・・・・・・・・・・・・・・・ 大さじ1
● クミンシード・・・・・・・・・・・・ 小さじ2
(A)調合するスパイスなど
　● ローストクミンパウダー ・・・ 小さじ1
　● チャートマサラ ・・・・・・・・ 小さじ2/3
　● ブラックペッパー ・・・・・・・ 小さじ1/3
　● レッドペッパー ・・・・・・・・ 小さじ1/4
岩塩・・・・・・・・・・・・・・・・・・・ 適量

作り方

①(A)は混ぜあわせる。
②じゃがいもは2cm角に切り、180℃の揚げ油（分量
　外）でカリッときつね色になるまで素揚げする。[a]
③フライパンにバターを中火で熱し、クミンシードを数
　粒入れる。クミンからシューッと泡が出てきたら残り
　のクミンをすべて入れて、香りが出て色がついてきた
　ら[b]、揚げたてのじゃがいもを加えてからめる。
⑤(A)を加え、すぐに火を止める。
⑥味をみて岩塩で塩分を調整する。チャートマサラに
　塩が入っているので入れすぎないように。

アレンジアイデア

Kaoru Note

同じ作り方でさといも、かぼちゃ（甘みのすくない
もの）で作る変化球も楽しい。ここで使うローストク
ミンパウダーは、かなり濃い色になるまで、じっくり
炒ってから挽いたものが香ばしくてよくあう。

ホワイトタンドリーチキン

「チキンマライティッカ」という北インドのぜいたくな料理。
クリームでマリネするので胸肉もやわらかく食べることができ、
もも肉と胸肉を混ぜて作るのがおすすめです。
マリネ液にマスカルポーネを使って濃厚リッチな味に仕上げました。

材料─4人分

鶏むね肉、鶏もも肉
・・・・・・・・・・・・・・・ 皮を除いてあわせて500g
(A)肉の下味用材料
　レモン汁 ・・・・・・・・・・・・・大さじ1
　塩 ・・・・・・・・・・・・・・・小さじ1/2
(B)マリネ液材料
　ヨーグルト ・・・・・・・・・・・・大さじ2強
　生クリーム ・・・・・・・・・・・・大さじ1と1/2
　マスカルポーネチーズ ・・・・・・・大さじ1と1/2
　玉ねぎ(すりおろし) ・・・・・・・・50g分
　グリーンチリ(みじん切り) ・・・・・1本分
　にんにく、しょうが(すりおろし) ・・・各1かけ分
　● クミンパウダー ・・・・・・・・・小さじ1
　● ブラックペッパー ・・・・・・・・・小さじ2/3
　● ガラムマサラ ・・・・・・・・・・・小さじ2/3
　● カルダモンパウダー ・・・・・・・小さじ1/2
　● レッドペッパー ・・・・・・・・・・小さじ1/4
　塩・・・・・・・・・・・・・・・・・小さじ1/2
　コーンスターチ ・・・・・・・・・・・小さじ2
　ギー ・・・・・・・・・・・・・・・・大さじ1
〈トッピング〉※1
　香菜(ざく切り) ・・・・・・・・・・・適量
　紫玉ねぎ(横薄切り) ・・・・・・・・・適量
　グリーンチャトニー ・・・・・・・・・・適量

作り方

①鶏肉は同じくらいの大きさの16個に切り分け、(A)を
　まぶして30分おく。
②(B)をよく混ぜあわせる。
③グリーンチャトニーを作る(右カコミ参照)。
④ボウルに鶏肉と②をあわせ、冷蔵庫に入れて2時間
　から半日ほどマリネする。[a]
⑤鶏肉を串に刺して網にのせ、焦がさないように表面
　がやや色づく程度に焼く。オーブントースターなら
　1000wで20分、オーブンなら180度で約25分。※3
⑥器に盛り、香菜を散らし、グリーンチャトニーと紫玉
　ねぎを添える。

※1　インドではグリーンチャトニーと玉ねぎのスライスを添え
　　るのがお約束。
※2　串がなければ、そのまま網にのせて焼いてもよい。

a

Kaoru Note

グリーンチャトニーの作り方

◇材料:香菜50g、トマト100g、グリーンチリ1
本、しょうが1/2かけ、にんにく1/4かけ、レモン
汁小さじ2、クミンパウダー小さじ1/3、レッドペ
ッパーふたつまみ、塩小さじ2/3、水大さじ3弱
◇作り方:すべての材料をミキサーなどでペース
ト状にする。

ビーツオムレツ

料理教室で人気のメニューです。
スパニッシュオムレツのようにひとつに大きく焼いてケーキのように切り分けます。
ビーツで赤く色づいた卵とひと枝使ったカレーリーフがきれい!
味はついているので、そのまま何もつけずにいただきます。

材料─直径20cmのフライパン1個分

卵・・・・・・・・・・・・・・・・・・・・・・・ 4個
ビーツ水煮 ・・・・・・・・・・・・・・・ 200g
玉ねぎ・・・・・・・・・・・・・・・・・・・ 60g
トマト・・・・・・・・・・・・・・・・・・・ 小1個
グリーンチリ ・・・・・・・・・・・・・ 1本
塩・・・・・・・・・・・・・・・・・・・・・・ 小さじ1/2
● ブラックペッパー ・・・・・・・・ 小さじ1/3
● レッドペッパー ・・・・・・・・・・・ 小さじ1/4
植物油・・・・・・・・・・・・・・・・・・ 小さじ2
● マスタードシード ・・・・・・・・・ 小さじ1/2
カレーリーフ ・・・・・・・・・・・・・ 1枝

作り方

① ビーツはシリシリ器でおろす(57ページ参照)。玉ね
ぎはみじん切り、トマトは1cm角に切る。グリーンチリ
は薄切りにする。
② ボウルに卵を溶きほぐし①をすべて入れ、塩、ブラッ
クペッパー、レッドペッパーを加えて混ぜあわせる。
③ フライパンにマスタードオイルを中強火で熱し、マス
タードシードを数粒入れる。はじけはじめたら残りの
マスタードシードをすべて入れて、はじける音が静ま
ってきたら、②を流し入れ強火にする。
④ 半熟の卵液を軽く混ぜたら中火にして、ふたをして3
分焼く。
⑤ 一度ふたを取り、卵の縁を中央に向けて折るように
ヘラで一周押さえて整えてから[a]、再びふたをして2
分半焼く。
⑥ オムレツを裏返す。フライパンの直径より大きな皿を
上から当ててひっくり返してオムレツを皿に出す。[b]
フライパンを火にかけてカレーリーフを表を下にして
置いたところに、皿からオムレツをそっと滑り込ませ
てフライパンに戻す。[c]
⑦ 再びふたをして弱火で3分焼く。

スパイスかき揚げ

インド式の天ぷらはベーサンというひよこ豆の粉で作ります。
シーフードと野菜の具に、和風だしの風味も加えて、豪華なかき揚げに。
味がついているので天つゆは必要ありません。
たまに出てくるフェンネルシードの香りがさわやかです。

材料—4個分

むきえび	80g
玉ねぎ	50g
じゃがいも	50g
銀杏（ドライパック）	16粒
三つ葉	1束
香菜	三つ葉の半量

(A)衣の材料

ベーサン	25g
米粉	20g
片栗粉	10g
しょうが（みじん切り）	1かけ分
白だし	小さじ1強
● フェンネルシード	小さじ1/2
● レッドパッパー	ふたつまみ
● ブラックペッパー	ふたつまみ
塩	小さじ1/4
水	約50㎖
揚げ油	適量

作り方

①えびは背わたを取り、ターメリックを溶いた水（ともに分量外）で洗って a、水けをしっかり拭き取る。※1

②玉ねぎは1㎝角、じゃがいもは7㎜角、三つ葉と香菜は1㎝長さのざく切りにする。

③ボウルにベーサン粉、米粉、片栗粉をよく混ぜあわせてから、(A)の残りの材料をすべて入れ、粉の粒子がなめらかになるまで、5本の指でよく練り混ぜる。

④ボウルにえび、玉ねぎ、じゃがいも、銀杏、三つ葉、香菜を入れて混ぜ、小さい器4つに均等に分けて入れ、1つずつに片栗粉小さじ1（分量外）をまぶして混ぜる。

⑤④の具に③の衣1/4量ずつを混ぜて、180℃の揚げ油にかためて落とし入れて揚げる。※2

⑥菜箸で叩いてみて湿った感触から、カラリとかたい感触になったら揚げあがりの目安。網つきバットなどにあげ油をきる。

※1 ターメリックでえびを洗うことで臭みがとれ、殺菌効果もある。スパイスのなじみもよくなる。

※2 真ん中が生にならないように、揚げている途中で菜箸で2か所いらい穴を開ける。b

a

b

アレンジアイデア

むきえびのほかに、小柱や4等分にしたホタテ貝柱、魚介以外なら1cm角に切ったハムでもおいしい。

Kaoru Note

たけのこマサラソテー

和風の味にインドが誇るマスタードオイルをあわせてみたら、
奥深い味になりました。
こんがり焦げ目をつけて焼いて香ばしいしょうゆ味とマスタードオイルの
コンビネーションを楽しんでください。

材料—4人分

ゆでたけのこ ・・・・・・・・・・・・ 300g
(A)調合する調味料
　　● 山椒粉・・・・・・・・・・・・・ 小さじ1/2
　　柚子胡椒・・・・・・・・・・・・・ 小さじ1
　　しょうゆ・・・・・・・・・・・・・ 小さじ2と1/2
　　みりん ・・・・・・・・・・・・・ 小さじ1
　　砂糖・・・・・・・・・・・・・・・ 小さじ1/3
　　白だし ・・・・・・・・・・・・・ 小さじ2/3
マスタードオイル ・・・・・・・・・・・ 大さじ1

作り方

①ゆでたけのこは2cm幅のくし形切りにし、水で洗って
　ペーパータオルで水けを拭き取る。
②(A)を混ぜあわせ、たけのこに塗り30分おく。a
③フライパンにマスタードオイルを中火で熱しb、たけ
　のこに火をとおし、両面をこんがりとするまで焼く。c

焼きなすヨーグルトソースがけ

ベンガル式にスパイスマリネしたなすをマスタードオイルでソテーし、
熱くジュワッとおいしいオイルがしみ出てくるところに
さっぱりしたヨーグルトをかける食べ方です。
冷めないうちにトーストや焼いたバケットにのせて食べてください。

材料—2人分

なす ‥‥‥‥‥‥‥‥‥‥ 大2本
(A)下味の材料
　● ターメリック ‥‥‥‥‥ 小さじ1弱
　● クミンパウダー ‥‥‥‥ 小さじ1/2
　● レッドペッパー ‥‥‥‥ 小さじ1/4
　塩‥‥‥‥‥‥‥‥‥‥ 小さじ2/3
マスタードオイル ‥‥‥‥‥ 大さじ3
(B)ヨーグルトソースの材料
　ヨーグルト ‥‥‥‥‥‥‥ 1/2カップ
　● チャートマサラ ‥‥‥‥ 小さじ1/4
　● ローストクミンパウダー ‥ 小さじ1/5
〈トッピング〉
　● ローストクミンパウダー ‥‥ 少々
　● パプリカ ‥‥‥‥‥‥‥ 少々
香菜‥‥‥‥‥‥‥‥‥‥ 少々

作り方

① なすは1cmよりやや太い輪切りにし、片面に格子状
　の切れ目を入れる。
② (A)を混ぜあわせ、なすの両面にまぶして5分おく。a
③ (B)を混ぜあわせ、ヨーグルトソースを作る。
③ なすの表面にうっすら水が出てスパイスがしっとりし
　てきたら、フライパンにマスタードオイルを中火で熱
　し、格子を入れた面を下にして並べて焼く。※1
④ こんがり焼けたらなすを返して、裏面もやや焦げ目
　がつくまで焼く。b
⑤ 器に盛ってヨーグルトソースをかけ、ローストクミンパ
　ウダー、パプリカをふり、ちぎった香菜を散らす。トー
　ストしたバケットを添える。

※1　なすは油をどんどん吸うので、フライパンに並べるとき
　　　は一気に入れて、均一に油を吸わせるようにする。

おもな食材索引

著者プロフィール

香取 薫 （かとり かおる）

インド・スパイス料理研究家。
有限会社 食スタイルスタジオ 代表取締役。料理教室「キッチンス
タジオ ペイズリー」主宰。1985年、ボランティアで訪れたインドでス
パイス料理に魅せられ、本格的に研究をはじめる。さまざまな地方
を歩き、現地の主婦たちから本場の家庭料理を習う。料理教室は
1992年創業。数多くのカレー店主、料理インストラクターを輩出す
る。ポリシーは日本の気候や日本人の味覚にあう健康的なスパイス
使い。著書に『はじめてのインド家庭料理』(講談社)、『家庭で作れ
るスリランカのカレーとスパイス料理』(河出書房新社)、『アーユルヴ
ェーダ・カフェ』上馬塲和夫共著(主婦の友社)ほか多数。
キッチンスタジオ ペイズリー　http://www.curry-spice.jp/

薫るスパイスレシピ

2020年6月1日　初版第1刷発行

著　　者	香取 薫
発行人	川崎深雪
発行所	株式会社　山と渓谷社
	〒101-0051
	東京都千代田区神田神保町1丁目105番地
	https://www.yamakei.co.jp/

■乱丁・落丁のお問合せ先
　山と渓谷社自動応答サービス TEL.03-6837-5018
　受付時間／10:00-12:00、13:00-17:30(土日、祝日を除く)
■内容に関するお問合せ先
　山と渓谷社 TEL.03-6744-1900(代表)
■書店・取次様からのお問合せ先
　山と渓谷社受注センター
　TEL.03-6744-1919
　FAX.03-6744-1927

印刷・製本　大日本印刷株式会社

＊定価はカバーに表示してあります
＊落丁・乱丁本は送料小社負担でお取り替えいたします
＊禁無断複写・転載

調理アシスタント
　　　　　富塚紀子
　　　　　安藤まどか
　　　　　有澤まりこ
　　　　　後藤喜夫

アートディレクション＆デザイン
　　　　　吉池康二(アトズ)

写　　真　竹之内祐幸

スタイリング　久保百合子

編　　集　たむらけいこ
　　　　　稲葉 豊(山と渓谷社)

©2020 Kaoru Katori All rights reserved.
Printed in Japan ISBN978-4-635-45041-6